彩流社

新しい落語の世界

柳家東三楼
YANAGIYA TOZABURO

目次

第三章 これまでのコラム

はじめに

落語とはなにか、この問いは私の中にいつも住み続けていて、頭を悩ましている。2018年から北米、アメリカ、カナダで公演を始め、2019年にニューヨークに移住し、これまでにハーバード大学、イエール大学、コーネル大学、ダートマス大学等といった伝統あるアイビーリーグと言われる大学から、ニューヨーク大学、CUNYホフストラ大学、アデルフィ大学といったニューヨークの大学、オハイオ州立大学、サンノゼ州立大学、ユタ大学、フロリダ大学ほか多くの東海岸以外の大学でも公演、講演を行なってきた。ニューヨークの地元高校、日本語補習校、各州の日米協会などを含めるとこれまで400公演以上、英語で落語を披露してきた。マンハッタンで英語だけの独演会もしている。その度に公演のお仕舞いにお客様との質疑応答を重ねてきたが、アメリカのスタンダップコメディとの違いや、そもそも「落語とはなにか」の問いに答えてきた。

その公演では自分の知る限りの知識と出来うる限りの英語力で答え（大学の先生の通訳、補足もあります）、その場は上手くいったように思うが、ホテルの部屋に帰って一人になると「落語とはなにか」の問いが頭から離れなくなってきた。

私は落語界では初めて人間国宝になった五代目柳家小さんの孫弟子で、師匠は寄席の爆笑王で紫綬褒章まで受賞している三代目柳家権太楼です。名前も三代目柳家東三楼と言いまして、先代は昭和の名人の古今亭志ん生師匠です。そのような古典落語の保守本流のまん真ん中で真打ちに昇進し、その二年後には独演会での古典落語が評価され、文化庁芸術祭新人賞までいただいています。独演会での評価は三席で、幾代餅、目黒の秋刀魚は古典、試し酒は今村信雄作の新作ですが、今では古典と認識する方もいます。しかしながら私の辿っている噺家としての道は、劇団「柳家東三楼一座」をこしらえて落語を演劇にしてみたり、自分も俳優として数多くの舞台に出て、そして現在はアメリカでも最もリベラルな街ニューヨークに移住し、日本語と英語の二刀流で全米及び、オンラインで全世界に公演を行なっております。アメリカでは大統領選で保守とリベラルで大きく分断されておりますが、私は落語という表現の世界で保守と革新を行ったりきたりしている訳です。

今現在は3つのパターンで英語での落語を行なっております。一つはそのまま古典落語を英訳して演じる手法、2つ目は古典のあらすじ、プロットだけを残して換骨奪胎し、舞台はアメリカ、時代は現代に置き換えての翻案ものです。ですので登場人物はスティーブンやジョンですし、古典落語では駕籠やちょき舟で移動しますが、この世界では手拭いはスマートフォンになりウーバーを呼び、移動します。そして最後の3つ目は英語で書いた完全にオリジナルの作品です。落語的な発想で、現代のアメリカを舞台に新しいＲＡＫＵＧＯを創り、演じる。これは僕の20年過ごし育った古典落語の世界では明らかな革新でしょう。

では今言いました「落語的な発想」とはなんでしょう。どこまで私の芸は変わっていっても「落語」と呼べるのでしょうか。新しい演目に取り組むたびに、上記の3つのパターンのどれを選ぶか考えるのですが、その度に「落語とはなにか」、その問いが日に日に強くなるのです。その疑問を解消するために様々な本や文献にあたりました。談志師匠が『現代落語論2』の序文で言っていることが一番自分の探している答えに近いような気もしましたが、海外に向けて落語をRAKUGOとして紹介する私としては不十分ですし、談志師匠の感性によりすぎです。そこで私は落語の歴史について、江戸以前まで遡って起源を調べることにしました。戦国の世には御伽衆という役人、官僚がいて、お殿様を笑わせていたようだ。今で言うテレビ番組でお笑いの権力者を周りが笑わせようとするように、殿様を笑わせる専門家がいて、この人達の作った話も落語の源流にありそうだ、そんなことがアカデミックな研究にあります。職業人としての落語家は江戸中期に現れますが、現在までの変遷でどのような活動をしていたかを調べれば、「落語とはなにか」の問いに答えられるのではないか、私はそう思い研究を続けてきました。

この本は落語ファンのみならず、落語に興味のない方にも読んでいただきたい、また私が普段公演で接するアメリカや世界の学生、一般の人にも落語に興味を持っていただきたい、そのような気持ちから平易な文章で書き、そして日本人だと当たり前だと思われる基本的なことも掘り下げて書いています。現在、私がニューヨーク州で登記しましたRAKUGO Association of Americaでは「ざぶとん亭」を名乗る私のアマチュアの弟子が30人ほどいます。RAKUGO Association of AmericaはCEOの私が代表で、その下にCFO、COO他ボードメンバー（取締役）7人で「日本の落語を、世界のRAKUGOへ」のスローガンのもと、落語を通じて日本の文化を世界に広げよう、紹介しよう、楽しんでもらおうという活動をしています。この本を書くことで僕が現段階で考える「落語とはなにか」を様々な角度から考えて、落語を享受する人、演じていく人の道筋になり、落語が世界標準のエンターテインメントになればと思います。この本にはこれまでの落語の本ではほとんど触れらなかった上下《かみしも》のルールや、現代的な視点も入れた落語の歴史、僕が育ってきた寄席を中心とした落語界のこと、修業のこと等、噺家という演者の視点から書いていきます。その中で「落語ってな、そんなもんじゃない」という批判が出ることも想像していますが、この本を通して、参考にして、読者の皆様の中に一人ひとりの「落語とはなにか」が出来れば、著者としては幸甚です。

古典落語の保守本流の中で20年育った私が、リベラルとアートの本場ニューヨークで5年過ごして揉まれ、噺家として25年考えかんがえ、研究した「落語とはなにか」を皆様にご披露させていただきます。それでは「一席お付き合いのほどを、お願い申し上げます」

第一章　落語のこれまで

一　落語の歴史

落語の変遷

いきなりですが、この落語の台本を読んでみて、皆さんは落語だと思いますか。
この作品は私が２０２０年に書き、英語で演じてきたものです。「落語」が誕生してから、アメリカで英語の完全な新作落語(少なくとも私はそう思って創りました)「ＲＡＫＵＧＯ」が出来上がるまで、どのような歴史があったのでしょうか。

『I love Ramen』(作・公演／柳家東三楼、訳・吉本郁)

日本人は他の国の料理を日本人の好みにアレンジして発展させるのが上手ですね。

ラーメンはまさにその典型で、本場中国のラーメンとは全く違う、もう創作の域でラーメンを作っています。

日本人から見たカリフォルニアロールのようなお寿司みたいな感じで、中国の人から見たら日本のラーメンは不思議かも知れません。

Japanese people are good at adapting foods from overseas to match their tastes. One typical example is ramen, which originated from China, but has changed into something completely different - how it's made can even be called an art.

The Chinese may find Japanese ramen somewhat bizarre - just as the Japanese feel about Americanized sushi like California rolls.

面白いのがこの日本のラーメンが海外で大人気なんですね！

しかも食べ方が日本人とは違う。

日本人は熱いスープのラーメンを一気に食べる。黙々と食べる。

飲んだ後の締めに食べる。

ところがアメリカではまるでコース料理を味わうように、一杯のラーメンでビールを飲みながら、
ゆっくり恋人とディナーをする。


Interestingly, Japanese ramen has gained huge popularity overseas! The way they eat ramen has changed as well.

The Japanese slurp ramen really fast. No talking. Or, they might have fun drinking with friends and then eat ramen to finish off the night.

However, in the US, people eat ramen like a full-course meal. You go on a date, order two bowls of ramen, and take your time enjoying ramen with beer.

こんな食べ方の違う日本人とアメリカ人が一緒にラーメンを食べに行くと大変な騒動になります。

So, if a Japanese and an American go to a ramen place together, it won't go smoothly.

「ハリー、お腹空いたね。研究は一休みして、夜御飯食べに行こうよ」

"Harry, you're hungry aren't you? Why don't we take a break from work and go get some dinner?"

「OK、タケシは何か食べたい物ある？」

"Sounds good, Takeshi! Do you have any preference?"

「近くにさ、美味しい日本のラーメン屋が出来たんだよ。ちょっと行ってみない」

"I just found a new Japanese ramen place that's very good. Do you wanna try?"

「ラーメン！　クールだね。今僕の友達の間ではラーメンが一番の人気でさ。僕も美味しい店を知ってみんなに紹介して自慢したい！　それに今度の彼女とのデートで行きたい」

“Ramen? How cool! My friends and I are so into ramen. I wanna know a good ramen place so that I can take my friends. I could take my new girlfriend on a date there, too.”

「それはいいね。じゃ行こう。（歩く仕草）日本のラーメンはスープや麺にこだわって、一番良いマッチングで出してくれる。」

“That’d be awesome. Let’s go! (Walking) They use carefully made soup and noodles that best match each type of ramen.”

「まさに！　日本のラーメンはフレンチのコースを食べるようにアートな気分だよ」

“Exactly! Ramen is almost like a full-course French dinner. It feels very fancy.”

「それは言い過ぎだよ。ラーメンはフレンチのコースみたいに肩肘張らないで、気軽に食べるもんさ。さ、ハリー、あそこにあるだろう、山ちゃんラーメンって。ここが最高に美味しいんだ。日本でも大人気だよ」

“You’re going too far! Take it easy man, we surely get tensed up when we have French main courses, but ramen is for casual dining. Hey, look, Harry, do you see "Yamachan Ramen" over there? This is the best place around here, and it's very popular in Japan as well."

「good。店構えもシックで最高の気分さ」

"Looks good! What a chic-looking restaurant. I'm excited!"

店に入り、二人座る。

The two enter the restaurant and sit down.

「ハリー、今日は初めてだろう。デフォがオススメだよ。彼女と来た時に基本の味を言えた方がいい」

"Harry, it's your first time here, so I'd recommend the 'Basic Ramen.' It'll be best to know how that tastes before you bring your girlfriend here."

「まさに。じゃあ僕はこの基本のラーメンにするよ。それとビール」

"That's true! I'll get this 'Basic Ramen' then. And a glass of beer."

「まだ研究あるのにビールかい」
"A beer? Don't you still have more work to do tonight?"
「いいだろう、ディナーは楽しみたいんだ」
"Why not? I just wanna enjoy dinner."
「ＯＫじゃ店員さん、このラーメン２つとビール１つ、あ、それとこのチャーシュー御飯、ハリーは要らない、じゃ一つお願いします」
"OK. Hi, (to a server) we're ready to order. We'd like to have two bowls of basic ramen, one beer for him, and, well, you have chashu rice bowls... Harry, you don't want one...? All right, just one chashu rice bowl."

ハリーにビールが来る
Harry is served his beer.

「ああ美味しいビールだ。タケシ、日本のラーメンは最高だよ。寿司もいいけど、これからはラーメンさ。みんなアートが好きだからね。日本のラーメンはお店によって器もトッピングも凝っていて、見た目も綺麗だ。インスタにもってこいだよ。まさにアートだ」

"Oh, this beer tastes soooo good. Takeshi, Japanese ramen, is the best dish in the world. I like sushi, too. Ramen is the next big thing. People love fine dining! With the unique designs of bowls and toppings at different ramen restaurants… it even LOOKS beautiful. So instagrammable! It's a genre of fine art."

「ラーメンの味は何が好きだい？　醤油、味噌、塩、豚骨、色々あるし、麺だって太いの細いのあるだろう」

"Which ramen broth do you prefer? Shoyu, miso, shio, tonkotsu, what have you. There are thin and thick noodles, too."

「ラーメンは塩に限るでしょ。この北海道の海を感じさせる塩。塩は人間にとって一番欠かせない栄養素。この大地と海を連想させる地球そのものと言っていいラーメン。ラーメンの麺はイタリアンのパスタにも負けないね。ニンニクもたっぷり、麺もアルデンテに固めに出来るだろう。スープも煮込んであって、フォンドボーにもまけないよ」

"No other ramen can beat shio, "salt" in Japanese. Shio broth makes me think of the seas of Hokkaido. The most essential nutrient to the human body. Ramen represents the earth itself, by reminding us of the land and the ocean. Even Italian pastas cannot beat ramen noodles. You use a lot of garlic, and cook the noodles al dente. The way they simmer the broth, too– better than fond de veau!"

「さすがハリーだ。君はわかってる！　一緒に来て良かった。君にこの店を紹介出来て光栄だよ。さあ、来たよ。冷めないうちに食べよう。（スープを一口飲んで）この熱いスープがたまらない。（麺をすする）」

"Harry, you get it! I'm glad I brought you here. It's am honor that I've introduced this place to you. Hey, here comes our ramen. Let's have it while it's still hot. (Sipping the soup) This hot soup is so irresistible! (Slurps the noodles)"

「（ビールを飲みながら）タケシ、見てご覧、この器。素晴らしいね。茶の湯にも通じる見事な仕事の器だ。この手触りも大地を感じさせる。まさに陶芸、アートだよ」

"Hey look, Takeshi, what a wonderful bowl. Its workmanship is as exquisite as the Japanese tea ceremony. Its touch makes me feel mother earth. A beautiful piece of ceramic art!"

「そうかい。まあとりあえず、食べなよ。ずるずる」

"Okay, Harry. Stop talking and eat. Slurp slurp!"

「タケシ、このトッピングの配置。バランスが素晴らしいじゃないか。このメンマとチャーシューと卵の構図。これはダビンチにもピカソにもバスキアにも真似出来ない、素晴らしいアートだよ」

"Hey, Takeshi, look how they dished up the toppings. What a wonderful balance, with bamboo shoots, chashu, and eggs. This is an art even Da Vinci, Picasso, or Basquiat cannot rival."

「そうかね。ラーメンてのはそんなに見てないで、うまそうな具を口に放り込んで、こうやって丼持って熱々のスープで流し込むのが旨いんだよ。ずるずる～」

"Is that so? Ramen is not something you just stare at. Just throw the toppings you like into your mouth, take the bowl with your hands and eat it with the soup as if it were a drink. Like this. Slurp slurp"

「この箸も素晴らしい。重さも長さも丁度いい。これは人間工学に基づいて、老若男女どの世代にも心地よく設計されている。これはアートであり、サイエンスだ」

"Look at these chopsticks, they're fantastic, too, with the right weight and length! They are designed based on human engineering, so that all people, man or woman, young or old, can use them comfortably. This is an art and a science!"

「ハリー、そんなグズグズ言ってるとラーメンが冷めて不味くなっちゃうよ。早く食べなよ」

"Harry, if you keep talking like that, your ramen will get cold and taste bad. Eat faster!"

「この渦を巻いている白いのは何だい」
"What is this white stuff with a whirl on it?"

「ああ、それはナルトだよ。魚のすり身だ」
"Oh, that's naruto, minced fish."

「そうか。このナルトは無限の宇宙を感じさせる。果てしのない味わいの旅。なんて素晴らしいんだ」
"I see. This naruto gives me a glimpse into the infinite universe. I'm an astronaut on an endless mission. How wonderful it is!"

「ハリー、冷めちゃうぜ。ラーメンはこうやって勢いよくすするもんだ。ずるずるー」
"Harry, it's going to get cold. You're supposed to slurp ramen fast, like this. Slurp slurp."

「こんなに素晴らしい料理はクラシックの室内楽が合うね。(目を閉じて)そうね、ブラームスの室内楽を聴きながら、このメンマを一口(メンマをゆっくり味わい)素晴らしいアートだ。白ワインを一つ」

"Such a fantastic dish goes well with chamber music. (Eyes closed) Yeah, listening to a piece by Brahms, take a bite of this bamboo shoot… (Chewing it slowly.) It's a wonderful art! Hey, can I order a glass of white wine?"

「(ずるずるー)ああ、うめえ。このチャーシュー御飯もたまらねえな。ハリー、早く食べな」

"(Slurping) Oh, It's so yummy. This chashu rice bowl is delicious, too! Harry, eat it fast!"

「(麺を持ち上げて)素晴らしい黄金の輝き。天に登る雲の糸。(音も無くすする)ビューティフル。僕の口の中でオーケストラがはじまったよ。魚と豚骨と野菜のハーモニーが僕を快感へ導く(箸を指揮棒にしてふる)」

"(Lifting the noodles with chopsticks) Look how they shine in gold! They look like silk threads leading to heavenly clouds! An orchestra starts to play in my mouth! A harmony between fish, pork bone broth, and vegetables lead me to ecstasy... (Swinging the chopsticks like a baton)"

「ハリー、何やってんだよ。恥ずかしいな。他の客がこっち見てるぞ。さっさと食べな」

"Harry, what are you doing? That's embarrassing. People are staring. Eat fast!"

「ＯＫオーケー。実に素晴らしい。（レンゲでスープを飲む）パーフェクト。アートが完成したよ。素晴らしい作品だ。麺とスープとチャーシューが口の中で溶け合った。官能的だ。これは彼女の誕生日にはぴったり。僕と彼女もひとつになれる」

"Okay, okay. It's wonderful. (Drinking the soup with a spoon) Perfect. The artwork is complete. It's a fantastic piece! Noodles, soup, chashu, they blended into one another in my mouth. How voluptuous it is! I'll bring my girlfriend here for her birthday. We will become one through ramen!"

「おいハリー、彼女の誕生日にラーメンか。それこそフレンチ行きなよ。日本人が彼女の誕生日にラーメンだったら怒られるぜ」

"Hey Harry, are you going to take your girlfriend to a ramen place for her birthday? THAT's the occasion the French cuisine fits! In Japan, if you chose ramen to celebrate your girlfriend's birthday, she'd get mad at you."

「タケシ、これはスペシャルなディナーだよ。彼女もきっと感動する。僕たちはラーメンを食べて一つになるんだ」

"Takeshi, this is a special dinner. She will be moved, too! We'll eat ramen and unite into one."

「やれやれ。ハリーを連れて来るんじゃなかった。彼女はきっと感動はするだろうけど、そんなにゆっくり食べてたら麺伸びるし、スープは冷める。こうやってな、ずるずるーっと食べて、チャーシュー御飯かきこんで、スープをごくごく飲む。やってみな」

"Jesus Christ! I shouldn't have brought you here. She will surely be excited but if you eat so slowly, the noodles will get soggy, and the soup will get cold. You should slurp the noodles, swallow chashu rice, and gulp down soup with them. Try eating like this!"

「そうやって音をたてるのはマナー違反。（レンゲにパスタを巻くように）」

"Eating so loudly is bad manners! (Rolling noodles around the spoon like pasta)"

「パスタじゃないんだ！　じれったいね。ラーメンなんてのはこうやって、ずるずる啜るから旨そうにみえるんだ。こうやって。ずるずるー、かきこんで、ごくごく。やってみな」

"This is not pasta! You're getting on my nerves! What makes ramen look yummy is the slurping. Like this. Slurp slurp, swallow some rice, then gulp down. Try it!"

「（ゆっくり食べる）美味しい」

"(Eating slowly) Oh, how delicious this is!"

「じれったいな。こうやって、ずるずるー、ごくごく、出来ないかい」
"You're so irritating! Look at me, slurp, gulp, can't you eat like this?"

「ワインとチャーシューがよく合います」
"White wine and chashu go very well together!"

「ああ、イライラする、こうやって、ずるずる出来ないかい」
"I'm losing my patience! Eat like this, slurp."

「この優雅な時間を封印して、世界遺産に登録したい。ラーメンはアート。時間を味わうアート」
"I'd like to preserve this gracious time and register it in the world heritage list. Ramen is an art. The art of tasting the passage of time."

「何言ってんだよ。ラーメンは麺とスープとトッピングを味わうんだよ。研究が残ってるんだから、時間を味わってられないの」
"What are you talking about? With ramen, have to savor the noodles, soup, and toppings together. I still have some work to do, so I can't afford to taste the passage of time."

「(ゆっくり食べている)」

(Eating slowly)

「ああ、じれったいな。(お金おく)ハリー、僕は先に研究室に帰るよ、早く食べて帰ってこいよ。バイバイ」

"Oh, I can't wait any longer. (Leaving money on the table) Harry, I'm going back to our lab. Finish eating it quickly and come back. See ya!"

「ああ、タケシは帰っちゃった。彼はラーメンを分かってない。こんな事なら彼にこの店、教えなければ良かった(日本人は……分かってない、彼を連れてくるんじゃなかった)」

"Well, Takeshi is gone. The Japanese don't understand what ramen is. I should have known better than to bring him here."

私は全て英語で演じていますが、日本語訳を付けました。英訳は友人の国際政治学者で落語好きの吉本郁くんにお願いしました。

いかがですか。サゲ、落ちは『初天神』、途中のやりとりは『長短』という古典落語からインスパイアされました。

皆さんは落語であると思いますか。

落語とはなんでしょうか。

それでは、落語はどうやって今のような形や内容になってきたのか、その変遷を見ていきましょう。

二　落語の初期の変遷

江戸より前の時代の御伽衆

日常的に「落語はいつできたのか」という話になると必ず江戸時代ということで話は進みます。これまでに数多くの落語に関する本が出ていまして、その本の歴史の項を読んでも大概が江戸初期の記述から始まります。ところが、これまで大学で落語を研究されてきた先生の本では少し違っていて、落語の演目の起源や話すことを仕事にする人たち「御伽衆」に遡ります。安楽庵策伝という名前や(学生の落語コンテストの冠にもなっていますね)『醒睡笑』という著書は落語の種本として聞いたことがあるかもしれません。落語とは何かを考える上で、話すことを生業にした職業を見ていくことは重要だと私は考えますので、この本ではまず江戸以前の戦国時代から江戸時代にいた御伽衆(御咄衆ともいう)がいつできたのかというところから紹介していきます。

御伽衆に関しての研究はあまり進んでいません。というのも御伽衆は大名の周りに侍って口でお話をするので、記録として残り難かったと考えられます。それでも御伽衆は大名に抱えられて、武勇講や史実に関する話、そのほか特殊な技術や持ち、話術に長けた、今でいう官僚でしたので、戦国時代、江戸時代のシステムの中での役割としての記録は残っています。その中で一番の大著は桑田忠親著『大名と御伽衆』ですが、この本(昭和十二年に刊行され絶版、昭和44年再販)によるところでは御伽衆の起源は周防の大内家で、その第一次資料が手に入るのはこの頃までで大変に研究が難しいようです。したがって御伽衆に関する記述はこの『大名と御伽衆』に頼るほかなく、その他の研究者も二次資料としてこの本から記述を得ています。この本は少しプレミアムが付いていますがAmazonで手に入り、学術論文にしては読みやすいです。

それではここからは少しかたい書き方、文体になりますが、見ていきましょう。

御伽がなぜ落語に関係するか

一般的にお伽話というと子供に聞かせる昔話、メルヘンを指すことが多い。まず伽の定義であるが新明解国語辞典(第六版)によると、「夜の退屈を慰めるために、寝つくまで話相手などをしたこと(人)」とある。つまりは長い夜を徹するために話をすることが語源だ。面白い話をすること、聞くことで辛い戦地での夜を過ごすこと、それが伽であったのであろう。それをお殿様、大名にする、つまりは偉い人に侍るために敬称として「御」の字が入り、その役職は複数人いたので衆が付いている、それが御伽衆である。他にも○○衆とつく役職もあるので、官職としての名称であろう。暉峻康隆著『落語の年輪』の『1咄と噺と咄」の考察によると御伽衆であった安楽庵策伝や曽呂利新左衛門といった有名な御伽衆の編んだ本には「咄」という文字が見られる。曰く『醒睡笑』なら安楽庵咄であり、曽呂利新左衛門なら『曽呂利狂歌咄』である。現在では「話」と書かれるハナシも私たち噺家は日常的に噺という字を使い、人情噺、滑稽咄と使いわけ、多少「噺」の方が大きな意味ではあるが、プロは自らを「落語家」というよりは「噺家」という方を好み、落語と言わずに噺という。師匠方が使う時は「兄《あん》ちゃんの噺、良くなったねえ」とか「そんな了見だからアイツの噺はまずいんだ」といったように楽屋では自然と使う。「咄」という字は特に笑いの多い滑稽咄といった感じで使うが、特に明確な線引きはない。私たちが喋る芸を「咄」という以上、御伽衆の編んだ、書いた本に「咄」という一般には「話」と書くところを特殊にしか使われない「咄」で共通している関係から、御伽衆の咄に落語の起源として目を配る必要があろう。

その咄であるが御伽衆の時代は笑話だけでなく、武功伝や武勇伝、化け物の咄なども含まれていて、これは現在の落語に皆さんが落語に抱く笑いだけの咄ではない多様な要素を含んでいた。その点現在も笑いを目指していない人情噺や「ぞろぞろ」「一眼国」「田能久」といった民話や昔話に近い演目もあることから、御伽衆の咄の範囲と落語の咄、噺には近さを感じる。大きな違いはその話す相手、聴衆が大名他の雇われ主の権力者に対してか、大衆かという聞き手の違いがある。御伽衆はその聞き手の変遷によって名前が分かれていき、江戸時代には談判、安西衆とも言うようになり次第に江戸期には次代の殿様候補の家庭教師的に役割のみを指すようになった。安倍晋三と平沢勝栄の関係のようなものだろうか。そして大きく括る御伽衆は別名「御咄衆」とも呼ばれた。御伽衆とは大名のお側で話すだけでなく、書物の講釈をしたり、楽器を演奏したりもしたそうで、その中で咄を専門にした者を特に御咄衆とした。しかし特殊能力を持つこと、戦禍での武勇を持つ者、そして「話に長けた者」という条件の元に採用された人選であるので、御伽衆と御咄衆にそれほど明確な区別はなかったであろうと推測できる。「咄」が「伽」含まれるように、大きな括りと少し小さな括りがあった。そういった経緯から御伽衆、御咄衆は同じく定義されよう。

饅頭怖いの源泉にみる御伽衆

この御伽衆の変遷は『大名と御伽衆』に詳しいが、どのような内容の笑い咄を持っていたのであろうか。これは『醒睡笑』をはじめとした御伽衆の残した種本を見るのが良いであろう。落語の源流に関しての研究は若くして亡くなってしまった中込重明先生の『落語の種あかし』などの著作や延広真治先生の『落語はいかにして形成されたか』などに詳しく、その書き写しになってしまうのでそちらをご覧いただくとして、いくつか例を挙げたい。まずは饅頭怖い。この噺は落語の中でも子供から大人まで、過去から現在まで落語と言えば饅頭怖いと言えるくらいに有名な演目の1つである。この噺の原話は安永八年(一七七九)刊の『気の薬』と言う咄本の「饅頭」であるとされているが、実はその前段がある。これは信長、信忠に仕えた御伽衆・野間藤六の咄である。野間の藤六は安楽庵策伝『醒睡笑』にも登場する有名な御伽衆であるが、曾我休自作の仮名草子で寛文二年(一六六二)『為愚癡物語』の巻三の中に藤六の「あずき餅が怖い」と話す咄があり、これが元になり、この咄に二世紀後「この上はお茶が二、三ばいこわい」とつけたのが『気の薬』の「饅頭」になる。饅頭怖いは、

藤六の原話
『気の薬』の饅頭
現在の饅頭怖い
上方の饅頭怖い

と変遷してきた。

1600年代に野間藤六の「あずき餅が怖い」という現話は以下の通りである。台所で友人4、5人で話をしているところに女中も混ざって火に当たってそれぞれが怖いものの話をしている。藤六だけは怖いものはないと言い張るので、女中がそんなことはないと訊ねるので、それなら言うが「我はいかにもあたたかなる、いきの立つあづき餅ほどこわきものはなし。是を見ればたちまち色

変じ、胸おどりて絶入するなり。それもひえわたるはあまりにおそろしからず」とこう言っている。そこで中居の女房たちはあたたかいあづき餅を持ってきて藤六の前に差し出すと「あらおそろしや」と言って14、5の餅を即座に食べた。これが原型である。この笑い咄に「この上はお茶が二、三ばいこわい」のサゲがついて『気の薬』となった。さらに現在の饅頭怖いはプロットは同じであるが、江戸落語、上方落語でも相違を含んで発展してきた。江戸落語は皆さんが知っている通りだが、上方では饅頭怖いにアンコで(饅頭でアンコと言うわけではなく、構造としてアンコ、美味しい付け足しとして)怪談調の咄が入る。

饅頭怖いは中国明末の笑話集『笑府』の中の一話が原話であるという説があるが、これは暉峻康隆『落語の年輪　江戸・明治篇』での時代考証により否定されているので、野間藤六原話説の方が正しいようである。

このように一般的に古典落語とされている饅頭怖いは発展してきた。発展とはすなわち変化であり、今では古典と言われている作品は固定的なものではなく、絶えず動き変化していくものと見てとれる。藤六の原話ではじまった話は『気の薬』を経て現在、江戸落語と上方でもこのような相違があり、生成と変化を見て取れる。

ちなみにであるが早稲田大学で教鞭を取っていた暉峻先生が早稲田大学の落語研究会の初代の会長で、その弟子が興津要先生で、その早稲田大学文学部の近世文学から発した落語研究は盛んで、その後、野村雅昭先生が言語学を使った落語解析をし、文学以外の分野での落語の研究を広げた。その早稲田大学院で指導を受け、ミシガン大学で落語の論文で博士号を取ったパトリシア・ウェルチ教授はニューヨーク州ロングアイランドのホフストラ大学で教鞭を取り、私も何度か公演に招いていただいた。また私のアメリカでのアーティストビザでは推薦状をいただき、アメリカ移民局へ提出している。ウェルチ先生の博士論文はアメリカでは本になっていて、これまでの日本の近世文学からの発展、または傍系として存在する日本の落語研究とは違い「落語を落語としてみる視点」が新しく、私もたびたび(大いに英語辞書をひきつつ)、落語とはなにかを考える参考にさせていただいている。この本は英語でしかないのが残念だ。その中でテレビ番組「笑点」の記述があるのだが、このお化け長寿番組の演芸的番組の位置付け、出演者への批評が私たち日本人にはない(本当はそうだと思っていても怖くて口にできない)分析である。

話を元に戻すと、この饅頭怖いの例を取っても御伽衆の存在が落語の源流を探るにあたって重要なことがわかる。一番最初に御伽衆が登場した周防の大内家で、それから秀吉の時代にはなんと八百人の御伽衆を連れて朝鮮出兵した記録も残っている。これは本来の御伽衆の殿様を喜ばせるだけの役割から本来の伽、すなわち戦地での夜明かしのための面白い話、また恐怖が隣合わせの戦場での慰安の意味もあったと考えてしまう。八百人は権力者の周りに侍らすには多すぎる。また戦国の世にこの職種が生まれたのも、慰安という目的もあったであろう。第二次世界大戦、太平洋戦争で戦地へ行った先輩噺家を思い浮かべるに至る。

そして、その多くの御伽衆の中でも特に有名なのが野間藤六より後にでた安楽庵策伝であり、曽呂利新左衛門であろう。この二人を見ることで官職にありながら、今日的な芸人ぽさがあるのを見ていこう。

御伽衆

御伽衆は特殊な技能や教養を持ち、話術に長ける者がつく官職であった。したがって選ばれる者の職業も医者や学者、云々といった専門家であった。その中で特に有名なのが、安楽庵策伝と曽呂利新左衛門であろう。安楽庵策伝は『醒睡笑』を編んだことで（書かれている全てが自作ではないので、著者として表記があるが実際は編者に近い）落語の祖と言われている。また曽呂利新左衛門はその機転の効いたエピソードの数々が私たち芸人に通じるところも多く、生き様は噺家に近い。

時代的に曽呂利新左衛門の生年月日はわかっていないが没年は１５９７年慶長2年とも１６４２年寛永19年とも言われている。一方安楽庵策伝は１５５４年天文23年生まれで１６４２年寛永19年とほぼ同じ時代を生き、同じ年に死んだ。安楽庵の死去の日が2月7日であるので、確率としては策伝の死の方が若干早いので、知名度もそうだがまずは策伝から書くことにする。

安楽庵策伝

安楽庵策伝は『醒睡笑』を書いたことで有名である。先にも述べた通り作者としてクレジットされているが実際には『きのふはけふのものがたり』からの転用、重複も多く、たぶんに編者としての側面が強いであろう。その例として現代でも頻繁に演じられる「平林」を見てみよう。

平林

きのふはけふのものがたり　六七

京に、平林といふ人あり。

此人の所へ、ゐ中より文より文をことづかる。

此者ひらばやしと云名をわすれて、人によませければ、「たいらりん」とよむ。

「そのやう成名でない」とて、又餘の人に見せければ、「これはひらりん殿」とよみける。

「是でもなひ」とて、またさる者に見すれば、「一八十木木」とよむ。

「此うちは外れじ」とて、後にはこの文を笹の葉に結び付て、羯鼓を腰につけて、「たひらりんかひらりんか、一八十にぼくぼく、ひやうりやりや」と囃し事をして、やがて尋ねあふた。

醒睡笑　醒睡笑 巻六 推はちがうた

文の上書《うはがき》に「平林」とあり。通る出家に読ませたれば、「平林《ひやうりん》か、平林《へいりん》か、平林《たひらばやし》か平林《ひらりん》、一八十に林《ぼくぼく》か、それにてなくは平林《ひやうばやし》か」と、これほど細かに読みてあれども、平林《ひらばやし》といふ名字は読み当たらず。とかく推《すゐ》には何もならぬ。

このように『きのうはけふのものがたり』と似通っている。

安楽庵策伝は噺家の先祖か

安楽庵策伝については関山和夫先生の研究でかなりのことがわかった。この後触れるが策伝が浄土宗の僧侶であったこと、また関山先生も浄土宗のお寺の出で、佛教大学で教鞭を取られていたことも関係しよう。より詳しく専門的に知りたい方は関山和夫著『安楽庵策伝』『落語名人伝』をお奨めする。

関山先生の著作『安楽庵策伝―咄の系譜』では策伝の多様な側面を書いている。章立てでも宗教家として、茶人として、咄家として、文人として(作品論)と、晩年とに分けている。宗教家としては異論なかろうし、茶人としても安土桃山時代屈指の茶人としての記録は多く残っていて、茶の師匠は古田織部正とされている。落語好きの方はご存知だと思うが落語「金明竹」の言い立てに出てくる「織部の香合　のんこうの茶碗」は、千利休の弟子であった古田織部正が好んだ茶器の趣味が発祥である。策伝はその織部の弟子、すなわち千利休の孫弟子にあたる。次に文人としては作品論としてあるが、『醒睡笑』の執筆、編纂からも文人としては間違いなく当時一流の知識人であったろう。そして問題が咄家としてである。これは「咄」の解釈により、また「咄」は以前の章でも考察したが江戸以前より使われている。しかし「咄家」となると話は別だ。現在私たち落語家は「落語家」とは言わず「咄家」または「噺家」(読みは同じくハナシカである)というが、そのルーツとして策伝を捉えて良いものか。関山和夫氏以外の学者では暉峻康隆氏は「落語」のルーツではあるが「落語家のルーツではない」といているし、海外でもパトリシア・ウェルチ著『DISCOURSE STRATEGIES AND THE HUMOR OF RAKUGO』の第二章「HISTORY AND PERFORMANCE OF RAKUGO」でも策伝をPREACHERS、つまりは説教者と紹介している。ウェルチ先生ももちろん関山先生の著作を参考文献に上げているが、後に登場する露の五郎兵衛からをSTORYTERLLERSとしているところから、咄家としては認識していないようだ。この本の重要なテーマである「落語とはなにか」に関すれば安楽庵策伝は落語、おとしばなしの元になった話の巧みな話者であり研究者、醒睡笑の執筆、編纂者として大事な立役者ではあるが、大名や特定の仏教徒、檀家に向けての話術だったということで、私も「咄家」「噺家」の元祖とは考えていない。噺家は不特定多数の人に聞かせて、初めて噺家だと私は考えるので、噺家の誕生は次章からの露の五郎兵衛、米沢彦六、鹿野武左衛門の登場を待ちたい。

しかしながら多くの落語研究者が言及しない、関山和夫氏が多くを語った節談説教は日本にある一人芸の話芸の源泉としてはかなり多くの影響を与えている。私も２０２２年夏に開催した京都落語ウィークで節談説教の杉本智海氏をゲストにお招きし、実際に拝見したが話しぶりは説教というよりは落語に近い面白い話芸で、その話には落語の寝床の亜種であろう寺の小僧の話があった。この分野は関山和夫氏の研究を元に、今回私が落語に対して試みている考察のように、新たな視点で研究をしたい、または研究され一般に認知されたい芸能である。

噺家の誕生から師弟関係を見る

プロの噺家はほぼ同時期に京都、大坂、江戸で誕生した。京都は露の五郎兵衛、大坂の米沢彦八、江戸の鹿野武左衛門である。17世紀初頭、１６８０年近くに同時に3カ所で噺家が誕生したのは偶然であるのか、何か関わりあるのか。

この本は「落語とはなにか」を考えるのがテーマで、御伽衆からの源泉を辿ることで演目の生成をみてきた。私たち噺家は現在の師弟関係に至るまで、どのような変遷を辿ったか、それを考えれば「新しい落語の世界」を生み出す手がかりになる。

もちろんであるにも関わらず、忘れられ、考慮に入れられていないことがある。それは露の五郎兵衛、米沢彦八、鹿野武左衛門には師匠がいないということである。この本でも私の経験から師弟関係が存在するのは当たり前のように書き、師匠と私の関係を元に書いているが、そもそもプロの噺家の誕生の際には師弟関係はなかった。３人の始祖はそれぞれ書物に自分のネタを残していて、これまで見てきたように、御伽衆やその他の笑い話、民話に影響されている。

露の五郎兵衛『軽口露がはなし』など
米沢彦八『軽口御前男』など
鹿野武左衛門『鹿の巻筆』など

とこのように著作があるが、演目は御伽衆なりの影響がわかる。
師弟論、修業論でも書いているが、噺家の修業というのは人間性を高める仏教的な(倫理的な)修業ではないように思える。その修業とは楽屋のルールを覚える、素直に従うことで先輩やお客様に可愛がれる(仕事や祝儀をもらう)方法を身につけることだ。もっと言うと自分の師匠を知り、機嫌よく生活できるように整えていくのが師弟関係の修業のようにも思える。落語における師匠というのは芸事の師匠であるばかりでなく、仕事の仕方を教える(これが背中を見ろ、という感じですし、わからないとしくじりという恐ろしいものになりますが)。その中で、人と人との関係が密な落語界では、当然、相手の気持ちを考えるとか親切にするとか嘘をつかないと言った倫理観のことも含まれてくる。しかしながら落語は扱っているテーマの通り、一般的な倫理観では間違っていることばかりを内包しているので、酒、女、博打という誘惑に溺れることに寛大である。

とにかく、落語家が誕生した段階では師弟関係がないという当たり前の事実は重要である。そこに「新しい落語の世界」を考えるヒントがある。

そして変遷した後の師弟関係を見ていこう。

私の名前「柳家東三楼」の先代は古今亭志ん生師匠であるが名乗っていた時期はごく短い。その理由は借金に追われて何度も改名したからであるが、それはつまり師匠を変えることでもあった。現在の落語界では師匠が亡くなる以外で師匠を変えることは出来ないとされている。僕たちが前座の時も、師匠をクビになったら落語界にはいられない、追放となると思わされていた。何人かクビになった噺家が師匠を変えて戻ってきたが、香盤が下がる等のペナルティをあり、居心地は良くないであろう。楽屋雀は様々な理由を詮索するし、デリカシーのない者は直接聞く。

師匠を変えることは出来ない、それが伝統の世界。

果たしてそうだろうか。

師弟関係には必ずトラブルが付き物である。それがなぜ顕在化しないかというと、弟子が我慢するからである。私の師弟論で書いたが私の身近でもあったが、その弟子の暴挙と事後の対応が私は許せないのであり、師匠を変えたこと自体を非難しているわけではない。然るべき話し合いがあり師弟間、元師匠、新しい師匠の間での合意ができれば、むしろそういう話合いが普通に持てる環境があれば、師弟関係の苦しみやゴタゴタがなくなるのではないかと思うのだ。師匠をしくじってクビになったら噺家人生を終わり、というルールにしているのは正確にいつ出来たかはわからないが、師匠が弟子に完璧な曇りのない絶対服従を守らせるためにあるように思える。そしてそれは落語家の歴史を見ていくと第二次大戦後のようにも思える。これは面白いことに、単なる「落語」が「古典落語」として伝統芸能になり、格を持ちはじめた時期に重なるようにも思う。団塊の世代が入門した頃、テレビ、ラジオが大きく飛躍し、それと同時に落語に格式が出来た。すなわち師匠という立場の権力がメディアの成長とともに硬く強力になった。その先鋒が三遊亭円生師匠であり、桂文楽師匠であり、多くは落語協会でいまだに神様のようにされている師匠だ。その中でも私の大師匠、五代目柳家小さんは多くの行き場を失った噺家を身内、弟子にして懐が深かったが、それは円生師匠との真打ち昇進の基準の亀裂で表に出たが、小さん師匠の真打ち昇進基準に従った者も、いざ自分が弟子を取り師匠になってみると、厳格になり格を出してくる。単純な円生、小さんの二項対立で師弟関係は語れないが、少なくとも「古典落語」が格を持ち、メディアに進出するに従って、落語の持つ大らかさは減って、権力者に都合の良い倫理観と厳格すぎる師弟関係に移ってしまった。

そこに僕は問題を見出している。

本当に今の落語界、落語協会の姿が本来の古典、伝統という世界の状況なのだろうか。師弟関係はこんなにも窮屈なものなのだろうか、こんなにも落語界は閉じてムラ化して、不寛容な世界だったのであろうか。そして時代に合わせて師弟間のトラブルを解決できる方法を落語協会は持っているのか。

僕の見ている「新しい落語の世界」はむしろ原理的な落語の社会かもしれない。師弟関係がなくても落語家のプロになれる。師弟関係があっても、師匠を変えられる。弟子に対することは、師弟だけでなく、組織として考える。

三　落語の世界

昇進の話

東京の江戸落語界には階級制度が存在する。軍隊や警察に階級があるのと似たものかもしれないが、前座と真打ちに認められる権利と社会的扱いには雲泥の差がある。今は人権の観点から前座が酷い扱いをされることはないであろうが、私の前座の頃は師匠に殴られて目の上に青い腫れのあるものや、酔った師匠に暴行されたが師匠は顔だけは避けていた、というような仲間も見た。そして今は少ないように見えるが、師匠から「合わない」という理由でクビになる者も多かった。私が見習いが短くすぐ前座になり、一年半で立前座になったのも、私たち同期の上の二年先輩までに一人しか前座がおらず、みんな何らかの理由で辞めるかクビになったからであった。

私たち噺家は修業の頃でも触れているが、師匠のうちまで入り込み、何から何まで知ることになる。それゆえに、師匠、おかみさんとの信頼関係、信用が何より重要になる。そして、師匠が弟子の人生をひっくるめて責任を負い、真打に昇進するまで面倒をみる。それゆえに修業と上下関係が厳しいのであるが、暴力は論外として、前座のうちの精神的な疲労、混乱、鬱症状は激しいものである。これも師匠の人柄や修業、弟子の育成方針によって変わるが、落語界、寄席という世間からは完全に閉じた超閉鎖社会では一様に前座は苦しむ。そういった苦労をすることが一人前の噺家になるには必要だという落語界全体の認識もあり、今でも東京の落語界では前座、二ツ目、真打ちという階級システムが続いている、そして、この階級が上がるのは噺家にとっての大きなイベントで、お客様や世間に対して自分を売り出す絶好のチャンスにもなる。昇進の支度にかかる金額も大きいが実入りも多く、芸人の世界が見栄の世界であると身に染みて実感し、その階級に恥じない芸をしようと稽古に励む。私は後半の「これからの落語界」ではこの階級制度や縦社会をより考察し、功罪を考え、アメリカでの新しい落語の世界を展望することにする。

それでは「真打ち」という言葉は誰でも知っていらっしゃるでしょうが、新明解国語辞典をみてみましょう。

しんうち①【真打(ち)】

〔もと、寄席などで、最後に出演する、一番格の上の人〕落語家の、最高の階級。〔その世界で、出場の期待される花形・大物を指す。例、「真打(ち)登場」〕↓前座ゼンザ・二つ目㊁表記「心打ち」とも書く。

では二つ目、前座はどうか。

ふたつ目【二つ目】

㊁⓪〔落語などで〕真打シンウチの出演に先立って口演を勤めること〔一本立ちしたばかりの芸人〕。〔番付には載るが、真打のように内弟子ウチデシを取れるまでには至らない〕↓前座・真打

ぜんざ⓪【前座】

〔落語・講談などで〕本番開始前に見習いとして口演を務めること〔まだ修業中の芸人〕。〔番付には載らず、本番開始後は師匠の座布団の世話や番付めくりなどをする〕「前座を務める〔＝中心となる出し物や講演に先立って、何かを演じる〕」

真打ちや前座という言葉は一般名詞化しているので馴染みがあろう。辞典にある「心打ち」というのは初めて目にしたが、心を打つ芸をする（目指す）という点では間違いではないであろう。真打ちの語源とトリの語源を解説する。真打ちの語源は「芯」うちである。その昔電球や照明の

ない頃の夜の興行では高座に座布団を挟んで左右に蝋燭を灯していた。一番お終いの芸人がこれで今日の公演はお仕舞いですよという意味で、蝋燭の芯をパチ、パチと消した。これを芯を打つと言って、これから一番最後に上がる噺家を芯打ち、転じて真打ちとなったとされている。そしてこの真打ちをトリという。このトリも一般名詞化して紅白歌合戦や何かでも最後に出演することをトリと言ったり、大トリと言ったりする。これは寄席の給金のシステムから来ている。昔は寄席から来る出演料は一座の長の真打ちに全部渡されて、それを出演者に分配した。出演料を全部取るからトリである。そして、出演料はトリによって割られて配られるので、ギャラとも出演料とも言わずに、寄席では必ず給金を割りという。これは今でも変わっていない。今では落語協会が寄席興行の管理をするので(そのために作られた団体なので)、割りは落語協会の事務局長が割って、立前座が配る。そのようなわけで立前座は特殊であり、楽屋での時間配分なんかでも師匠方に一目置かれる。お金の管理者というのは、楽屋でも扱いが違うのだ。そのトリを取れる身分が真打ちであり、トリ、すなわちお客様を多く呼べる看板が真打ちであるというところから尊敬され、師匠と呼ばれ、弟子を取ることができるようになる。今では言葉通りに真打ちになると誰でも弟子を取れるが、それまでは違った。真打ちであり尚且つお客を呼べる看板で、そういう噺家は理事であって、その看板の真打ちしか弟子を取らなかった。それは看板の師匠でないと楽屋での弟子のしくじりの責任を負えないし、ましてや弟子を育成し食わせ、責任を持って真打ちにするのができなかったのであろう。そういった点でも今は真打ちになれば誰が弟子を取っても批判はないし、内弟子なり通い弟子でみっちり仕込んでやろうというのも少なくなったと聞く。その背景には時代が進み、世間でコンプライアンスという言葉が重要になり、弟子に「アタシが頼んで来てもらったんじゃない。アンタが噺家になりたいから置いてやってるんだ(だから何されたって文句言うんじゃない)」と言う噺家のルールは通らなくなり、弟子を寄席だけ、あるいは寄席に出ない団体は落語会会場や打ち上げ場所でだけ顔を合わすようになったのではないか、と私は考えている。修業の項で触れている女性の視点を持つための台所仕事やおかみさんとの会話、家の中での師匠の姿、稽古模様を肌で感じる修業スタイルは減ってきている。その厳しい修業に対する考察も「これからの落語界」には必要であるので、これも後半で考えていく。

このように真打ちと言う格が芸はもちろん人気があり、という権威のあるものだという認識が少しずつ崩れたのは団塊の世代の少し前の第二次世界大戦後に噺家が増えて真打ちになれなそうな噺家が増えたことへの落語協会内の考え方違いによる内紛であることは、落語の歴史の中の落語協会の分裂騒動で触れた。今現在は団体によって真打ちの基準が違い、いまだに真打ちの技芸の明確な基準は他の伝統芸能の資格と同じようにはっきりと線引きはない。単位制でも免許取得のようなものではなく、師匠、あるいは所属団体と寄席のお席亭の判断による。

それではどうしたら、真打ちになれるのであろうか。

前座から二ツ目の昇進からご紹介する。

まず、二ツ目と前座が何が違うかと言うとこれは大きな違いがある。二ツ目と真打ちより大きいかもしれない。落語協会も時代、時期によって昇進までの年季は違うが4年前後で二ツ目になることが多い。だいたい昇進する半年前の理事会で協会事務員から、次の春の、または秋の二ツ目はどうしましょうかと議題が出て、じゃあ、これとこれとこれにしましょうなんて感じで決まる。会長などの権力者が自分の弟子を早めにあげる例も私たちの頃はあって(これは真打ち昇進でもあった事例だが)、予想より早く昇進ということもある。

理事会で昇進が決まると事務員から師匠に連絡がいき、理事会での報告をし、昇進させるかを聞く。全部の責任は師匠にあるので理事会の決定でも師匠に判断を委ねるのだ。ここで断る師匠はまずいないので、師匠やおかみさんから前座の弟子に昇進が伝えられる。弟子にとって噺家人生で一番嬉しい瞬間だ。好きで入った噺家の世界で昇進ができる目処が立ち、修業という暗闇から抜け出る少しの光が見えるのだ。そして、そんな喜びも束の間、昇進にかかる費用の捻出に頭を悩ませる。

二ツ目になるのがなぜ嬉しいかというと、それは4年間休みのない師匠宅と寄席での修業から解放されるのと同時に、人として喋ることができるからだ。そして、羽織を着られるようになり、着物は化繊から正絹へ、帯も安物から帯源や他の高級な角帯を絞められるようになる。そして雪駄もゴム草履から印伝やら鰐皮やらとにかく好きな物を身につけられる。そして、それまでは一様に前座の上がりという出囃子で高座に上がっていたのが、自分の好きな曲で上がれる。着る物、出囃子、ほか真打ちと変わらなくなる。寄席も出番が終わったら帰っても良い（本当に帰るとカドがたち、評判が悪くなるのを私は身を持って知っているが）。なんと言っても芸名が変わるのも心機一転となる。

自由とは責任を持つことである。という名言があるかどうかは知らないが、二ツ目になると義務が生じる。例えば、今までいただいていた正月のお年玉は落語協会だと20万円以上になるが、昇進した年を最後に一生、前座、お囃子さんに差し上げる身となる。そして、後輩の二ツ目が誕生し、手ぬぐいを渡されるたびに祝儀を切る。そう、自分でいただいた先輩からの昇進の御祝儀は借金みたいなもので、一生かけて払い続けるのだ。年金は長生きをすればするほど得になるが、噺家は年を取るだけ生涯に払う祝儀は増える。これは私たちが相撲界や歌舞伎界に似た御祝儀商売であるがゆえに、本当に日本らしいシステムであろう。そして気持ちとしてはこないだまで前座だった者が着られない紋付や袴で高座に上がり、兄さん、師匠と言って手ぬぐいを渡されるのはなんとも嬉しく、心地よいもので、その度に自分が昇進した時の喜びを思い出せる。演目も前座噺ではなく艶っぽい噺や酒の噺も出来るようになり、独演会は勉強会を銘打ったりして、真打ちがトリで扱う難しい物や長い円朝ものやっても文句を言われない。

であるからして、という話になるのですが、二ツ目になると芸での競争が始まるのである。コンテストが存在し、優勝者は寄席やホール落語や地方の落語会にも多く呼ばれるようになり実力をあげ、観客を集めるようになる。一方、二ツ目になり修業から解放され怠ける者もいる。なまじ真剣に修業をして楽屋内の評判もよく、贔屓筋へのお客様との付き合いも祝儀の引き出し方も上手く、なんとなく噺家として食えてしまっている者にそのタイプは多い。師匠やおかみさん、先輩に言われたことを上手くこなし、しくじる事もそれほどなく、立ち居振る舞いが上手くなり、噺家っぽい話し方をし、お客、ご贔屓の座持ちも良い。修業で言われたことには逆らわないので先輩や師匠、上客にゴルフを進められればゴルフがどういったスポーツかも考えず、ヨイショになりそうな人のお下がりのセットをいただいて、練習をはじめる。そして客のコンペに行くようになると打ち上げの司会をして祝儀をもらい、出席者との人脈を持ち、営業先を見つける。そして、なんとなく食えてるし、年季も15年も経てば真打ち、のんびりやっていこうとなる。結婚する者はし、かみさんは外に働きに出て、月々貧しいながらも子供を持って生活ができる。師匠がトリ以外では寄席にも入れず、たまにある故郷の旅の仕事で息抜きをし、ゴルフ仲間(野球仲間、麻雀仲間でもいいが)仕事を回しっこして、売れていく噺家の噂話で酒を飲む。落語界に限ったことではなく、文壇みたいなところにもありそうな話でもあるので書いてみたが、私はゴルフはしないし、故郷も家族もないが思い当たる節があり、胸が苦しくなってきた。ここには書かなかったし、あまり仲間内では聞かないが、他の協会や団体ではアルバイトをしている噺家も多いと聞く。うちの師匠からはアルバイトは禁止と昔言われたような記憶があるので、私は家賃を滞めようが、水道が止ろうが、飲み屋のツケがあろうが芸名を使わない仕事は一切しないと決めていたので貧乏を味わったが、女房子がいる人は尻を叩かれて何か考えるであろう。私の柳家東三楼の先代は古今亭志ん生師匠だが、笹塚に住んでいた東三楼時分にどうにも食えなくて納豆売りをはじめたが、それが嫌で嫌で楽屋に持っていき、先先代の金馬師匠がみんな買ってくれたというエピソードがある。『びんぼう自慢』の昭和の名人の本に励まされ生きているが、このエピソードは真打ちになってからの話。時代もあろうが、噺家として食べていく辛さを思い知るのが二ツ目時代である。コンテストで名前を上げていく一部の影に、多くの生活に困る噺家がいるのである。そして私も経験したが、残酷にも売れている後輩が先に真打ちになって、抜かれた先輩の噺家はダメな芸人の烙印を押される、またはそう感じる。うすうす差が付いているのに気がついて気がついていないフリをしていたのが、落語協会の理事会、お席亭の判断を持ってして、決定されるのだ。楽屋で前座の後の出番を待っていると先に昇進した後輩が香盤も上がり、真打ちが座る席に座っている。前座は香盤通り、真打ちに先にお茶を出す。「兄さんからだよ」なんて気を使われて、「いやいや〜、そっちが真打ちでしょう」みたいな心の地獄を味わう。俺も早く真打ちになって抜かしてやろうと考えればまだいいが、抜擢真打ちを決めた落語協会の会長を皮肉たっぷりに呪うものもいるであろう。あいつの抜擢は許せるが、あいつのは論功行賞じゃないか、そんなことを言って息巻く仲間も見た。それくらいにシビアな現実を突きつけられるのが二ツ目生活である。自由を手に入れるということは責任を追うことである。自分の人生は師匠より他に誰も助けてくれない。その師匠であっても人間、気にいる弟子、いらない弟子で差をつけよう。それは様々な師弟関係で見受けられるし、三遊亭円丈師の著作でも知ることができる。それほど二ツ目として時間を過ごすのはセンシティブなのだ。

そして真打ち昇進は前座から二ツ目になる時の例と同じく、理事会で次年の春なり秋の昇進の話が上がり、師匠に連絡がいく。この真打ち昇進の場合は師匠なり本人がまだ昇進には年季なり実力が早いということで断った例が幾つかある。落語協会には以前に判断基準が不明確な真打ち昇進試験があったので、いまだに試験はあるのですかと聞かれるが、一部の流派の真打ちトライラルと銘打った公演以外は試験は存在しない。そのかわり落語協会は月に一回、二ツ目勉強会という会が池袋演芸場であって、この会は客席に理事の師匠が座って芸を見て、終演後に意見を伺う合評会がある。私が前座の頃は客席に志ん朝、小三治両師匠にうちの師匠がいるという、客席が凍りそうな時期もあった。理事が二ツ目の芸を見て指導をする、ということが励みにもなり技芸の向上にもなったのは確かであるが、落語協会がより古典落語至上主義の面を強めたようにも思う。何しろ客席に古典落語の名人が並んで、そこで評価されるのだ。そしてそれは少なからず真打ち昇進に関わる。もちろん新作で勝負している人もいるが、客席に古典の大家が並んでいるというのは、一般の公演とは全く違う意味を持ち、勉強会としては勉強会ではあるが、大きな方向性を示唆しないでもない。それが落語協会の方針であるので、組織、システムとして所属している芸人は影響を受けるわけである。しかしながら江戸の真打ちを頂点をした階級制度は実力の保証や権威付けをすることで世間様にお認めをいただこうという物とも考えられるので、芸の上では修業中の二ツ目に落語協会の方針で教育する機会を作るのは間違いではない。大学で言うと学位に足るものかを測るのとその点似ている。真打ちというお墨付きが誰がどう成すかは団体、師弟によって変わるが、私の経験では真打ちになると世間様は師匠と呼んでくださり、ある一定以上の尊敬を持って接してくださる。そのための修業を15年なり20年かけてするのが噺家の修業である。

であるので、真打ち昇進が理事会から師匠に伝えられ、師匠も本人もお受けすると、一門を上げて「さあ、大変だ」となる。私の場合は兄弟子の昇進があったので師匠も弟弟子も初めてではなかったので、師匠の惣領弟子である同期昇進の仲間よりは手順がわかっていたが、それでも金銭面、精神面、芸の面での苦労で、私は腸が裂けて血便が出るほどだった。

昇進にあたって何より先に考えなければならないのが名前だ。二ツ目昇進では手拭いだけであったが、真打ちになる時は、手拭い、扇子、後ろ幕、幟、提灯、招き、千社札他、名前を入れて発注する物が多くある。その資金は貯蓄だけでは賄えないほど大きい額なので、御祝儀をいただける場をパーティであったり昇進の記念落語会であったりと開く支度と並行して、新しい真打ちに相応しい名前を考えることになる。前座、二ツ目の名前は師匠や大師匠が付けるが真打ちになる時は希望を聞いてもらえる。私の場合は最初、師匠の最初の師匠である「柳家つばめ」を希望したが、現在先代柳家つばめ女師匠の息子さんである小きん師匠がいらっしゃるために叶わなかった。師匠もおかみさんも何だっていいから考えなさいと言っていただいたが、私はその当時の「小権太」は変えなければいけないなとは思ってはいたものの、特に希望もアイデアもなかった。一緒に真打ちになった古今亭志ん好さんは二ツ目になった時から名前を決めていたそうだし、桂やまとさんも熱心に自分の意中の名前を持つ方とお付き合いをされていた。そして鈴々舎風車さんは大名跡の柳家三語楼を襲名することになった。これは風車さんの師匠の馬風師匠の身内になっていた六代目小さん師匠が三語楼を保有していたので一門の中から襲名ということになったのであろう。私はそんな仲間の動向を少しずつ知りながら、まだ一年も先の昇進だからとのんびり構えている時にちょうど師匠が検査か何かで入院する病院を訪ねた時に「お前、東三楼はどうだ」と言われたのでした。何となく知っていた名前でしたので「あ、はい、ありがとうございます」というと「権太楼もそうだけどな、東三楼も三語楼一門の名前なんだ。だから小さん兄さんに挨拶してこい」と言われました。通常、襲名となるとその名前を持つ方やそのご遺族の承諾を得ることになる。その時にはまだ今の三語楼さんが襲名するのを師匠は知らなかったが、とにかく八王子に住む六代目小さん師匠の所へ菓子折りを持って挨拶にいったのを覚えています。噺家はアポなしでいくのがルールで、お会い出来るまで通うのが筋なので、あと何回この八王子の霊園まで来るのかなあと思っていたら、次の日に小さん師匠から電話をいただき、「師匠、うちの師匠から言われまして東三楼を襲名することになりました」というと「そうかい、東三楼はアタシが三語楼になった時に一緒にもらって来たんだよ」。これには驚いた。小さん師匠がお持ちなら、挨拶ではない、襲名のお願いになる。「師匠、すみません、師匠がお持ちなのを知らず、失礼しました。改めて明日、お願いにあがります」「いいよ、あんちゃんにあげるよ。うちには来なくていいから。ゴンちゃんによろしく」。ここで電話が終わり拍子抜けしました。次の日また病室に行き師匠の所へいくと「ばか、来なくて言いたって、そこで行くのが噺家なんだよ。」としくじりました。柳家はシンプルで、「いい」って言ったことは本当に「いい」のでかえってするとしくじることもあるので（八王子がちょっと遠かったのもある）行かなかったが、師匠には「じゃあ、俺から兄さんには言っておく」と言っていだだき、僕は小さん師匠が次に出る鈴本の出番で楽屋に挨拶に行ったという次第でした。

私の場合はこのようにすんなり、あっさり師匠と六代目の関係で決まりましたが、本当はもっと大変なことがあると思います。相撲の親方株のように噺家の名前も金銭で取引されていた時代もあります。落語界で一番大きな名前を襲名したい師匠が名前を持つご遺族に２０００万円払ったなんていう噂もありました。結局その襲名はなかったので、単なるゴシップでしょうが、そういう煙が当たり前に立つくらい、襲名にはお金が絡んでいました。名前に見合った芸を背負う、または看板になるプレッシャーを抱えるとともに、その名前のイメージやブランドを得るわけです。

そのようにして私は三代目柳家東三楼として真打ちになることが決まりました。志ん生師匠が名乗った37歳と一緒の時で、貧乏を引き継ぐのかなと思いましいたが、いずれは名人になる名前だと嬉しく思ったものでした。しかしながら二ツ目昇進は手放しで喜んでいられれましたが、真打ち昇進は先ほどあげたオリジナルグッズの製作から私の場合は師匠のお客様、自分のお客様を招いての帝国ホテルでのパーティの支度があり、おかみさん、弟弟子の助けもありましたが、おおよその場合奥さんが助けるところ、私は独り身でしたので細かく相談できる(または弱音を吐ける)相手もおらず、たくさんの方に不手際でご迷惑をおかけしました。パーティでピアノを演奏してくださる大西順子さんの楽しみだけで(この時の経緯や模様はまた別の機会に)、他の仲間と同様に真打ちになるという儀式に、神経に神経を累ヶ淵で、それでも何とか2014年3月21日の初日から40日の襲名披露興行、そして国立演芸場での10日間の興行を終えて、晴れて普通の真打ちになったのです。

真打ちになった初日に初めて前座が着付けについた時はどうしていいものやら分からなかったのも自然に体を預けられるようになり、トリで演じた落語の評が新聞に出て、後楽園ホールでの笑点が放送される頃から昇進の御祝儀で呼んでもらえる落語界がはじまり(真打ちとして落語研究会の高座に上がるという恐怖も味わいます)、半年経って次の真打ちができる頃に、本当の普通の真打ちになります。これが五代目小さん師匠の言った「噺家としてのスタート」です。私はスタート台に立つまでに15年かかりました。

上下のルール

これまで幾多の落語入門本が出て、なぜ私たち落語演者が右を向いて左を向くかという「上下のルール」に触れられてきた。しかし私はその多くの本に書かれている上下の規則が不十分であると感じている。それは果物を語る時にバナナだけ、林檎だけを語っているような感じだ。ある点では合っているが説明が不十分で曖昧である。ここで一度、我々演じ手が噺をする時に意識する上下のルールを確認したい。これは多くの噺家が知っている物と思っていたが、案外プロで名前の通った芸人でも知らない人がいた。その人に教わった役者さんは上下の教えられ方が曖昧で根本からは解っていなかった。

上下は私の中ではその演目で必ず決まった物ではないと思っているのでかなり自由に考えるが、基本がわかった上でお客様と噺の世界を共有するために上下を使って表現するので、決まっているルール通りに演じたい。これは落語もＲＡＫＵＧＯも共通である。昔池袋演芸場での二ツ目勉強会の後の合評会で古今亭志ん朝師匠に上下の話をふられて、「師匠、上下は作ってもいいですか」と聞いた三遊亭白鳥兄さんの有名なエピソードがあるが、上下のルール作るとかそういった類のでものではなく、落語が喋る芸であるように、小説は文字で書かれるように決まっていて、その中で自分で自由に(特に新作、創作の現代が舞台になる演目は特に)設定していいのである。

上下は花道のあるお芝居舞台を基準に設定する。歌舞伎が一番であるが現在の吉本新喜劇のような花道のないお芝居でも良い。上手というのはお客様がいる客席から見て右、下手は左になる。歌舞伎では下手に御簾があってその裏に三味線、太鼓、笛の音楽を演奏する人がいるので「下座音楽」という。別に音楽が他の例えば西洋の古典より下だから下座ではなく、下手に座っているから下座である。寄席や落語界に関していうと下座さんは上手、下手の両方にいるがどちらにいても三味線の師匠は下座さんである。

　上下の記述は文章では難しいのであるが、通常の本では身分の高い者が上手から下手を向いて喋り、低い者が下手から上手に喋ると書いてある。というのは、大概の舞台設定では屋敷や部屋は上手よりにあり、新しい登場人物は下手にある戸から入ってくる。したがって落語では八つあんがご隠居さんを訪ねる時は下手から上手に向かって「ご隠居さん、こんちは」となる。これはご隠居さんの方が偉いからというわけではなくて、上手の部屋で座っているからだ。これが部屋の中で人数が多い上に動きがあると複雑になる。二番煎じでいうと鍋を囲んでぐるっと人がいて順番に酒を注ぎ、鍋を食す。一番メインの登場人物を基本に上下を振るが混乱しないように演じ分ける。これが芸の見せ所であり、噺家に取っては設定を作り、上下の角度を微妙に変えて座組みを位置や距離感をお客様に感じさせ、なおかつその苦心はわからないように、寒さから帰った安堵の中で火の用心の酒の大変さ、寒い中での旨さ、鍋から出し食べるネギの吸った水分の分量を表現する。立って酒を持ってくる人、少し奥にいる人、後からくる侍、全部舞台設定を演じ手が脳内で決めて、その通りに演ずる。そうすると身分の高いはずの侍は規則通りに番屋の玄関のある下手から入ってくるので最初は下手から上手を向いて喋るが中に通されると奥に案内されるので、上手から下手へ喋るようになる。これにしても侍に対しての礼儀を知らない連中としたいのであれば侍を下手に座らせても良いが、この二番煎じのメンバーから考えると上手、すなわち座敷の奥へ通すであろう。この上下の妙技はぜひ志ん朝師匠の二番煎じで味わっていただきたい。舞台経験が豊富の志ん朝師匠の真骨頂で複雑な上下がまるで舞台を見ているように感じる。

もう一例を取ると私のいる柳家の芸「うどん屋」は五代目小さん、十代目小三治と師弟の人間国宝で上下が違う。うどん屋と客の上下が途中で逆になるのである。上下に自由さがあることと、その噺家の考え方で上下は変えても良い例になろう。これは時そばでも言える。蕎麦屋が下手、あるいは花道から登場するのか、前半後半で二人出るの客が下手、または花道から出るのかで変わってくる。ほとんどの噺家は上手に蕎麦屋を置くが、この辺もしっかり自分の中で舞台ができていれば自由で良いだろう。難しい例ではお奉行様のお白洲で上下を振るか、それとも顔を下に向けてお奉行様、下から上を見上げるだけで被告の町人にするかなど、工夫のしがいがある。天狗裁きなどはお白洲の後で天狗の位置もかなり自由だ。こういう時の設定は普段より歌舞伎やお芝居を見ているかどうかが素養として露呈するであろう。

落語は音声だけでも面白い、楽しい芸能であるが、生の高座で触れていただきたいのは細かい表情、声の大きさ、響きもそうであるし、上下の作り方にその演者の世界が埋め込まれているからだ。そして、上下の振り方ではどれくらいの幅を右から左で持たせるかもある。これは劇場、小屋の大きさでも変わるし(大きいホールでは少し大きく、広く振る)、一門によっても違う。柳家で滑稽噺をやる場合は少し狭いし、どうかすると黒目を動かすだけで上下とするくらいの時もある。これは柳家でなくても先代の金原亭馬生師匠にもよく見受けられるが、私など目の細い開いてるかどうかわからないような噺家には勇気のいる演出だ、一方、三遊亭や古今亭を含めて他の一門も艶っぽい話や物語が派手な噺では上下が少し大きくなる。演者は初めて演じる会場では開演前か噺に入る枕で客席後方などに上下の目線を置く位置も決めて演じるので、あるいはスケベな噺家は好みの人が座っている席に目線を置き、毎回違う上下の幅になる、なんというのがなきにしもありそうだ。なぜなら噺家は客席が全部見えていますので。噺家殺すにゃ刃物はいらぬ、欠伸一つで即死する。

四　落語家の修業

「修業」と「修行」という音が同じで世間一般の認識ではほぼ同じと思える言葉の解釈から、噺家の「しゅぎょう」について考えたい。例によって新明解国語辞典第八版によると、

しゅぎょう（オ）⓪
━する（他サ）〈なにヲ修行修業する〉
一【修行】
仏教徒が、より高い悟りの境地を目ざして所定の戒を保ち苦行を重ねること。
「山岳での修行修業」
「修行修業僧②・修行修業者ジャ②・武者修行修業・瞑想メイソウ修行修業⑤」
二【修業】

より高い学術・技芸をもってそれなりの評価を受けるまで、年限にかかわらず日夜くふうを凝らし、自己を鍛えること。

「三年間本場のフランス料理を修行修業してきた」

「噺家ハナシカの世界では、修行修業中は一服して休む間もないほど忙しいのです」

とあり新明解国語辞典も噺家の修行、修業に線引きをしていない。

定義通りに考えると、私は修業だと考える。その理由を私の実際の体験から考察したい。考察が終わる前だが修業の文字を使用する。また真打ちになるまでの二ツ目の期間も修業期間であるが、ここでは主に前座修業を書く。その上で最後に「修業」と「修行」を考えたい。

私は一般社団法人落語協会に所属し、1999年5月3日に柳家権太楼に入門した。当時は大師匠の五代目柳家小さんは存命でしたので、私は小さんの孫弟子、師匠の弟子、そして落語協会の前座という立場でした。なぜこうわざわざ書くかと言うと一門や師匠、協会や所属団体で弟子の教育法も前座の働く場所も違うからです。私の前座修業は皆さんがおおよそ修業と考えるものに近く多くの噺家がそのように育った経験と似ていて、人数として最大の団体の落語協会であったので、個人的な柳家権太楼門下での修業は大きく特殊ではないと考えられます。師匠や大師匠、それから芸筋では伯父さんにあたる小三治師匠やさん喬師匠との修業期間の個人的なエピソードは他のラジオや連載のコラムで書いていますのでここでは、一般的な前座の修業例として私の体験を書くことにします。

まず入門するには師匠に弟子にして頂かなくてはなりません。落語や落語界をご存知の方には何を今さら当たり前のことをと思われるかもしれませんが、この本は私が出会う全く落語を知らないアメリカの人にも向けて書いていますので、ごくごく基本的なことから入ります。師匠に入門するかどうか、できるかどうかがこれまでの落語の歴史ではプロか素人かの大きな違いとなっています。露乃五郎兵衛、米沢彦八、鹿野武左衛門以外は師匠に入門して噺家になっています。そしてプロとして入門した者は落語の系譜の中に記述されます。これは今の落語界では大前提になっていますが、少しの例外もありますので、それは別の章で考察します。なぜなら、時代とともにプロというものの定義も変わってきているからです。それは「落語の歴史」の章で触れた変遷でも見られるように、落語や落語界は変化し続けていて、伝統だと思っていることが実は最近できた規則だったりするからです。ただこの入門して師弟の契りを交わすというのは変わっていません。

さて入門が許されると師匠のうちで見習いとして働きはじめます。最初は本名で呼ばれるのですが、私の場合は本名が稲葉で師匠のライバルの柳家さん喬師匠と同じで業界では「稲葉さん」といえばさん喬師匠で通っていますので、僕は本名では呼ばれず、入門早々に大師匠のお宅へ行き、前座名「柳家ごん白」をいただきました。この名前をいただくエピソードは度々お話したりコラムでもご披露していますのでこちらでは控えます。

柳家権太楼門下では見習い期間中、着物で働きます。師匠のお宅へ毎朝9時へ行き、師匠のお宅の用をする。最初の10日くらいは毎日兄弟子の現柳家我太楼(当時は太助)兄さんが来て、師匠のお宅の細かいルールや着物の畳み方、太鼓の打ち方、そして特に車の洗車方法を教えてくれました。何しろ師匠は車が好きで四人家族なのに2シーターのフェアレディZに乗っていまして、その管理は太助兄さんが請け負っていました。どこの一門でもすぐ上の兄弟子が新弟子の教育係になって手取り足取り丁寧に厳しく教えます。なぜならその新弟子がしくじると教育が悪いと言って兄弟子の責任になるからです。そして師匠としても、寄席の楽屋や他で前座、二ツ目の弟子がしくじると師匠の責任になるので、弟子、特に前座を厳しく指導するわけです。ですので、ここで修業が二つに分かれます、一つは噺家として生きていく、芸事の修業、そしてもう一つは落語界のルールを知る業界人としての振る舞いを学ぶ修業です。これは簡単には分けられる物ではなく、二つが連関して考えられますので、一つずつ紹介します。

まず芸事に関してですが、これは師匠の芸風、考えに大きくよって違います。私は最初は現柳家甚語楼(当時二ツ目でさん光)兄さんから「子ほめ」を教えていただきました。その後師匠に見ていただいて初高座にかけました。お稽古のところで稽古については書きますが、僕は師匠から噺を教わったことが今までに一度もありません。それは師匠から、師匠の噺はクセがあるので楷書の芸の師匠のところへ出稽古へ行きなさいと言われました。噺家は一門以外でも、例えば柳家の者が古今亭に言っても、その一門の芸でなければ教えてくれます。例えば当時で言うと火焔太鼓を柳家の者が志ん朝師匠にお願いにいくと単なる馬鹿でしかないですが、緩やかに一門を超えてお稽古はお願い出来ます。ですので私は前座、二ツ目時分は一門では柳家さん喬師匠、入船亭扇遊師匠、柳亭市馬師匠、一門外では春風亭正朝師匠、橘家圓太郎師匠ほか多くの師匠にお稽古を付けていただきました。お血脈は落語芸術協会の今の桂文治師匠に教えていただいたりと、落語界全体でそういう雰囲気があります。

さて太鼓ですが、うちは兄弟子に基礎的な一番、二番、仲入り、追い出しを教わって、すぐに楽屋入りになりました。当時は前座のうちにクビ、破門になる者が多く私が入門したその時期は前座が手薄だったのがその事情です。団塊の世代のうちの師匠の頃は前座として楽屋入りするまで三年も見習いがあったそうですので、これは時代によって変わります。２０２２年の現在も落語ブームの波かコロナの影響か見習い期間は一年半とか長いようです。それでも私たちの頃は古今亭はより厳しく、志ん朝門下の現在の志ん陽さんは私より入門が半年以上早かったのに、落語協会への履書の提出も楽屋入りも遅く、落語協会の香盤という順番は当時下になり、先に入門したはずの人に兄さんと呼ばれることになりました。真打ち昇進で抜かされて香盤は抜かされてしまいましたが、今でも兄さんと呼ばれる不思議な世界です。

実際の師匠のお宅での修業ですが、うちは毎日９時に師匠宅に通う通い弟子でした。師匠方のお宅の事情もあり内弟子は三遊亭円歌一門と柳家さん生一門の現柳家わさびさんだけでした。落語協会では7割くらいの前座は通い弟子、残りは無しで寄席だけという状況でした。落語芸術協会は通いや内弟子はもっと少ないと聞きますし、立川流や圓楽党は人数から考えても全員が毎日の通いもないのではないでしょうか。

とにかく私は前座になって日曜日は師匠宅は休みにしていただいたものの、日曜日は師匠に付いていく仕事も多く、寄席もあるので全く休みの日も時間も無い生活になりました。朝師匠宅へ行き、様々な用を足す。うちは師匠のご飯と洗濯はおかみさんの仕事で弟子はしませんでしたが、家事全般は掃除から買い物まで厳しく躾られました。

よく噺家になったのはこんな家事をするためじゃないと言う人がいますが、私は違うと思っていました。それは師匠からは「他人の飯を食う」と言うことを身に染みてわかるためだと言われました。それまでぬくぬくと実家でお母さんのご飯から何からの庇護を受けていた者がいわば奉公に入ったわけです。師匠は親代わりになり、両親よりも深い関係になりますが、そこには師弟と言う厳しい隔たりがあります。ですので師匠は前座修業が終わってのちに「他人の飯」いわば世間様の中に入って生活して行かれる修業を行儀見習いから噺家としての振る舞い、考え方、そういった事を家庭内で背中で教えてくれるわけです。「噺家は世情のあらで飯を食い」と言ったり「噺家に上手いも下手もなかりけり、行く先々の水に合わねば」と言われますが、まず芸より先に噺家としての神経を育てるわけです。昨日までの素人の気持ち、学生気分を一旦全部否定されて、全てを噺家になるための身体と脳にするわけです。この教育の度合いが師匠によって変わるのですが、私の場合は理事の師匠以外で弟子はあまり取らない風潮の中、うちの師匠は平の（売れっ子の）真打ちとして弟子を抱えていたので大変に気合いが入っていて、楽屋では厳しい一門と思っていただけていたようです。それともう一つ重要なのが、おかみさんとの関係です。落語では女性も演じますので、女性の目線（これは今では男性も家事をしますので、あくまでも家父長制の世界、落語の世界の女性目線という事です）も身に付けなくてはならないという事です。台所はおかみさんがちゃんと握っておきたい場所でしょうが、そこに弟子、しかも右も左もわからないのを入れるわけで、相当なストレスでしょう。大事な皿も割られます。そこをグッと我慢して、弟子を育ててくれるわけです。うちの師匠のところは昼食をおかみさんと食べますので、その時の会話が大変に勉強になりました。師匠はうちではほとんど喋りませんが、おかみさんはお喋りが好きで、色々なことを教えていただきました、そう言った話は師匠の本『権太楼の大落語論』（彩流社）で楽しんでください。また、小三治師匠の女将（郡山和世）さんの書いた弟子との奮闘記『噺家カミサン繁盛記』（講談社文庫）も名著です。

寄席の楽屋での修業に目を移しましょう。

私の所属する落語協会は上野鈴本演芸場、新宿末廣亭、浅草演芸ホール、池袋演芸場で、鈴本はうちの協会だけで他は落語芸術協会と十日づつ交互で公演しているということは、落語の歴史の最後で述べました。ですので落語協会の前座は、どこかの寄席の昼席か夜席に年末と大晦日と31日の余一を除いて必ずどこかへ配属されます。師匠と長い旅に出る時は休席届けを出しますが、うちの師匠権太楼は寄席を大事にしていますので、私は休席はありませんでした。また師匠も余程のことがない限り(一門での北海道巡業や海外旅行、飛鳥号クルーズの仕事)が無い限り、寄席は二軒掛持ちで勤めていました。ですので私は師匠宅で修業し、寄席でも師匠と会うわけです。これは前座にとっては大きなことで、師匠宅にも行かない、師匠も寄席に出ない前座は寄席をサボり放題なわけです。実際は師匠宅が無い人は寄席だけは行かないと、という気持ちにもなり、また少ない賃金の他に師匠方はご祝儀をくれますし、終演後は先輩がご馳走してくれたりと、寄席でのコミュニケーションが働くわけです。

寄席での前座は年季、香盤順で役割が自動的に決まります。一番下が高座返しで出来うる限り全ての仕事をする。そう前座であっても立社会ですので、先輩と後輩がいたら、全て一番下の者がするのです。一番上が立前座で、楽屋内の責任を持ち、出番順の調整からネタ帳を書いたり、割りという給金を師匠方に渡す特殊な前座です。二番目が太鼓番。これは太鼓部屋というお囃子さんのいるところで出囃子や曲芸、紙切りの三味線に合わせて太鼓を打ちます。新宿末廣亭以外は太鼓部屋は前座が着替えたりする師匠方の来ないリラックスできる所なので、太鼓番は高座の落語を聞きながら寝っ転がって、終わったらまた楽屋に「お疲れ様でした」とだけ言って頭を下げて太鼓部屋に戻って漫画を読んだりしています。私たちの頃はスマフォもパッドもなくPHSだけでしたが、小さい画面でメールくらいはしていました。そして電波が悪く失礼だということで噺家間での電話やメールは携帯やPHSではせず、公衆電話でした。なので、上手い具合に師匠が寄席を休む時は後輩に「師匠宅から電話があったら今買い物に出てると言って、携帯に連絡をくれ」と後輩に言って寄席を休んでいたのは私では無いことだけは記しておきます。

立前座、太鼓番、高座返し、以外は全員楽屋番です。それも香盤の下の者から順に働きます。お茶を出す、師匠方の着付けにつく、鼻をかんだ人の手元にそっとゴミ箱を置く、高座の終わった師匠の着物を畳むほか仕事は多岐に渡りますが、出来うる限りは高座返しがやりますし、途中で代わりますので気が楽です。楽屋に座って先輩にいじられ、立前座に飲み物やらの買い物を頼まれたり、楽屋番が多い時は邪魔だから帰っていいよと立前座に言われます。それでもヨイショや挨拶をしたい師匠や先輩のために一生懸命に働いているフリをします。こういう所も芸人としての要領の良さや人としてのダメさ加減を身に付けて行くのでしょう。そして師匠方の会話から噺家らしさも吸収していきます。その会話は決して芸論などではなく、競馬やプロ野球やゴルフやなんかで、ああ、本当に談志師匠が本に書いていた(馬鹿にしていた)通りなんだなと知るわけです。世間では真面目な名人で通っている師匠が「生理のタレをカイたらいけませんな。これこれこうで」なんという話を犬の散歩で落ち葉を拾った話と同列で何気なくするので退屈はしないでしょう。

それではもう一度、新明解国語辞典の定義を見てみましょう。

しゅぎょう(オ)⓪

━する(他サ)〈なにヲ修行修業する〉

一【修行】

仏教徒が、より高い悟りの境地を目ざして所定の戒を保ち苦行を重ねること。

「山岳での修行修業」

「修行修業僧②・修行修業者ジャ②・武者修行修業・瞑想メイソウ修行修業⑤」

二【修業】

より高い学術・技芸をもってそれなりの評価を受けるまで、年限にかかわらず日夜くふうを凝らし、自己を鍛えること。

どう考えても私たちは悟りを開く方向というよりは酒、女、博打をより深く知っていく俗の世界への入り口に前座の段階で立つわけですし(先輩に連れらてウブな明烏の時次郎のような子が女郎買いなんと言って吉原へいきます)、噺や太鼓や笛と言った技芸を高めて階級の昇進を願うわけですから、お坊さんの「行」よりは「業」を身につける過程なわけです。「業」は「わざ」と読んでも「ごう」と読んでもいいでしょう。「落語とは人間の業の肯定だ」と談志師匠もある時期言っていました。噺家は俗を多分に含んだ大衆文化を背景にしています。歴史の章で見たように落語の起源は仏教にもありますが、節段説教やお坊さんの説教と落語が離れて大衆文化として広がったのは、その大衆性、俗っぽさにあるように思います。ですのでやはり「修行」よりは「修業」だと思います。お坊さんの中には大変な落語好き、で飲む打つ買う三道楽に長けた和尚もしばしば見受けますので、そんな方に「修行」と「修業」の話をお伺いするのも一興かもしれません(こんなことを書くと得度している噺家から苦情が出そうですが)。

そうやって符牒も覚えて楽屋の雰囲気にも馴染み、持ちネタも師匠の前で問題なく、前座も三年半、四年となってくると二ツ目昇進になるわけです。

五　僕の考える師弟論

落語界における師弟関係は師匠と弟子との非常に個人的な事ですし、同じ師匠でも弟子が違えば接し方、育て方も違うでしょう。そして一門、師匠にはそれぞれ流儀があって、これは誰も口出しできないのです。できるとすれば大師匠、つまりは師匠の師匠だけですが、大師匠も真打ちになって弟子を取った弟子にはあまり干渉しません。そして、師弟関係には契約書もなく、口約束だけで成り立っています。

僕個人の話をします。僕の師匠は三代目柳家権太楼です。他の箇所でも書いていますが、16歳の時に初めて鈴本演芸場で師匠の落語を観てファンになり、22歳の大学生の時に中退をして、師匠に入門を志願しました。

僕たち噺家の世界にはスカウトはありません。どの師匠と弟子も弟子が師匠に入門をお願いし、師匠は大変な世界だからやめなさいと言う。それでも何でも頑張るのでお願いします、とやり取りがあって、とても運がいいと弟子にしていただける世界です。ですから、師匠としては「頼んで入ってもらったんじゃない。お願いされて、絶対服従の約束に入門させた」という気持ちがありますし、ことあるごとに言われます。それは僕も師匠に入門する時にそうでしたし、実際に言われました。師匠に初めて会った時には「乞食になるか、売れるかどっちかだぞ」と言われ、やめるように言われました。実際は売れてもないし、乞食でもない噺家ばかりですが、ご祝儀商売で祝儀に頼って生きている人は乞食なのかもしれません。

落語界は僕の知る見聞きした範囲では、世界で一番師弟関係が厳しいように思います。相撲もそうかもしれませんが、相撲はスカウトがあるし、協会から弟子の育成費がきますので、噺家のように純粋に師匠が無償で育てるのとは若干違います。そして引退すると師弟関係はなくなりますが、噺家の世界は師匠、または弟子が亡くなるまで続きます。亡くなっても心の中では続くでしょう。

うちの師匠は決して暴力を振るいません。それは師匠が、噺家は喋る商売だから言葉でと考えているからです。師匠は落語界では「プッツン権ちゃん」と言われるくらいに怒ってキレるのですが、それは子供の頃からの性分で（板橋の同級生のふぐ屋さんがそういってるらしいです）噺家としての何かではないようです。機嫌が悪いと弟子は「首だ」とか「てめえは何年噺家やっているんだ」と言われ理不尽にも思いましたが、師匠に小言を言われ、よくよく考えてみると師匠は理不尽ではなく、筋の通った教育をしてくれたんだなと思います。ただ、うちの師匠は江戸っ子中の江戸っ子で口が悪く、勢いも圧もすごいので(大工調べの啖呵を想像してください)、弟子は萎縮してしまうだけです。そして、しくじった次の日に詫びに行くと、一晩寝た師匠は昨日のそれは何もなかったかのように「ワンタンメンでも作れ」と言ってケロっとしています。まさに江戸っ子、ハラワタは無しです。そうやって僕は修業し、育ってきました。女将さんや兄弟弟子と手に手を取って師匠に向き合い、というと大袈裟ですが、うちの一門は師匠がキレてしまうのを上手くやり過ごしながら、北海道巡業や海外旅行に行くくらい密な一門です。

落語家の師弟が裁判になって問題になっている原因はいくつも考えられます。

まず暴力です。これは肉体的な直接的な暴力もそうですし、陰険な言葉の暴力もあります。前座時分に楽屋に顔を腫らせてきたり、お腹を殴られて真っ赤になっている仲間がいました。また酔った師匠に朝まで小言を言われたとか、打ち上げの居酒屋で客の前でさんざんに小言を言われたとか、板の間に正座して二時間説教されたとか、たくさん見て、聞いてきました。これは師匠の弟子への愛情を持った教育というよりは威勢行為と憂さ晴らし、気まぐれ、または嫌がらせです。ではなぜ可愛いはずの弟子にそういった事をするかと言えば、自分が師匠にそうされてきたからや、自分が偉いというのを弟子にも客にもわからせるためだったり、単に機嫌や体調が悪くて当たっている場合など、修業や教育と関係ない理由です。そして落語界にはセクハラ、パワハラと世間で言われることが当たり前のようにまかり通ってましたが、女性の芸人が増え、国の機関からの指導も入っている状況でも(少なくても落語協会は)変わっていなかったことが原因でしょう。師弟だけでなく、先輩が後輩を酔って馬乗りで殴り続けたという話も聞いています。こういう類は売れている後輩に対する嫉妬です。

僕は思います。噺家の師弟関係の根本は師匠の芸に対する尊敬と憧れです。そして育てて頂いている恩義です。楽屋での弟子のしくじりは師匠の責任で、師匠は無償でそのリスクを負って、弟子にしてくれているのです。その師匠の責任や育てているということを逆手に取って「お前が弟子になりたくて来たんだろ。絶対服従だろ」ということで、弟子は何をしてもついてくると勘違いをするのです。これまでは耐えられなくなったら逃げていなくなったり、廃業して事実が公に出ませんでしたが、昨今は落語界もインターネットの普及とコンプライアンスという意識が世間様と同じになり、落語村だけのルールは通用しなくなりました。

ではこれからの新しい落語、ＲＫＵＧＯの世界ではどういった師弟関係が望ましいのでしょうか。それは僕が唱えている「超横社会」の中に、「尊敬と憧れ」のある世界だと考えています。といっても師弟関係は先ほどから述べているように師匠と弟子の個人的な関係ですので、これから述べることは僕がアメリカで作っている新しい世界の話になります。そして、この世界は師弟関係が個人的なものであると同時にRAKUGO Association of Americaという団体の意思の総意になっていくものと考えてください。

まずごく基本的なことですが、私たちは法治国家に住んでいるということを認識しなくてはなりません。噺家の世界は、噺家（玄人）なので、素人くさい野暮なことは言わない、素人とはルールが違うと思っている芸人がとても多いです。噺家なんだから、という理由をつけて法律に違反することも、倫理に反する事も咎められるどころか推奨されたりします。それは古典落語の世界で描かれる、女性をお金で買う、お妾さんを囲う（浮気をする）、博打、酒にのめりこむ、いわゆる三道楽が芸の肥やしになるという考え方です。しかし、僕の作ろうとしている新しい落語の世界は噺家（寄席芸人）だけで競っていく芸、芸術の世界ではありません。他の多くの表現主体と同じ土俵で、一般の誰もが（噺家の言う素人が）気軽に参加できる場所です。落語を表現主体として選択する母体が広がれば、突出した表現者、噺家が出てくると考えるからです。そこにはプロもアマチュアもありません。芸がどう観客に伝わるか、そしてそれが商業的にも影響力としても大きいかどうかということが重要です。そしてもっと言えば、その表現者の落語が個人的なもので、観客に何も残らなくったっていいんじゃないかとも考えています。これだけ録画、録音の手軽さがある時代ですから、そのアーカイブされた芸は今の時代に合わなくても、次の時代には合うかもしれない。

そう考えると、師匠という存在はどうなるのでしょうか。やはり僕は人間的にも芸の技術も「尊敬と憧れ」の対象であり、その存在自体があるから弟子という存在でありたいし、落語という芸を続ける意志になる、そんな存在かと思います。かなり抽象的ですが、新しい落語の世界では師弟関係は親しい友人の延長線上で上下関係はないということです。そして、もし団体に属す師弟は、その団体の意思決定機関、私たちで言うところのボード会議、スターウォーズのジェダイの世界での評議会で大きな方向性や師弟の事も考えるという事です。噺家の師弟関係の一番の問題は密室になりやすいという事です。それは男女の仲に似た、他人が入り込めない、理解のできない要素が多く、師匠の権限は絶対で、一門は師匠を教祖とした宗教のようになるからです。そしてこの宗教が古典落語という聖典に全く準拠すれば良いですが、落語の解釈は幅広いですし、師匠の気持ち、気分ひとつで「白い物も黒」になる世界なのです。

しかしながら僕の考える新しい世界は落語村の中で落語村の住人とだけ過ごしていれば良い世界ではなく、広く表に出て(落語村から都会、もっと世界へ出て)、様々な多様な表現と協調し、競っていく世界だからです。そこには当然、師弟のルールより、憲法や法律があります。人権もそうですし、放送や上演に関する法の元で組織は明るく開かれていなければなりません。多様な人々の中で暮らす、表現する、商売するとなると口約束なんという曖昧なことは通用しませんし、表現者だから無頼に法を守らなくて良いとはなりません。そして、創造の世界で生きる以上、リアルに酒を飲んで、女遊びをしないと芸の肥やしにならないというのは、体験したことしか表現できないと能力の低さを宣伝するだけです。落語の素晴らしさは、小さん師匠が言ったように、狸の了見を想像することです。酒を飲めない人の方が酒飲みの観察をよくしてるので演じるのが上手い、という考えを推奨するのが持続可能でエコな創造の世界です。

僕の個人的な体験では、師弟関係にまつわるとても嫌な体験をしています。それは一門で起こった事件です。これを書くのは勇気が入りますが、もう15年以上前の話ですし、僕が新しい落語の世界を作るためにこうして文章を書いている動機でもありますので書きたいと思います。

それは、師匠やおかみさん、そして僕に暴力を振るって一門を去っていった元兄弟子の話です。この話をうちの師匠の一門以外の人と話す(もちろん書く)のは初めてです。師匠もおかみさんも一門の兄弟弟子ももう触れたくない話ですが、僕は暴力を振るわれた一人としてどうしても書かなくてはなりません。このような事件があり、一部の週刊誌にも載ったのですが、今現在も落語界での暴力は無くならず、裁判沙汰にまでなり、この暴力の伝統を無くしたいからです。

その人がオカシイと思ったのは入門してすぐの頃からでした。初めは師匠と意思疎通が出来ていないのではないか、と感じていました。入門してすぐの頃で最初は僕がまだ知らない、わからないだけで本当は分かり合っているとも考えていました。しかし、寄席等でその人が師匠に怒られて、僕たち弟弟子が連帯責任ということで一緒に叱られ、小言を言われている時も、僕は師匠の言い方が強いとは言え、言っている事は正しいので素直に謝りました。しかし、その人は師匠の言っていることがわからないらしく、ただ師匠が弟子の気持ちや理由がわかっていないと思い込み、弟弟子の私や他の兄弟弟子にも、師匠に謝ってはいけないと言いました。僕は師匠と兄弟子の間で板挟みでした。ですから、怒られている最中に、その人が席を立って部屋だかトイレに行った時に、師匠に「すみませんでした」と頭を下げました。確かに僕とその人は打ち上げの帰りに色物さんに最後まできちんと挨拶をしていなかったですから。師匠は色物さんには噺家以上に気を遣うように口を酸っぱくして言っていたので怒るのは当然です。そんなことは何度もあり、決定的に僕がこの人は師匠のことをわかってないなという落語会がありました。それは熱海の見番での落語会でした。

その会は師匠の独演会で、僕が番頭でした。理由は僕の親しいお客様が主催する会で、僕は立ち上げの段階から師匠の意向や師匠の好むやり方を主催に伝えたり、おかみさんとも連携をしていたからです。

その会の当日、僕は会の支度のために前乗りをしていたので、駅まで師匠やその人やお囃子さん、前座を迎えに行きました。その人はなんだか上の空というか、生返事で師匠に対応しており、その気の逸れた感じが益々師匠をイラつかせているように見えました。会場で高座作りをしている時に、師匠はいつものように僕らやスタッフの気を引き締めて、気持ちを一つにするために細かく指示をしていました。僕はそれが分かっていたので、主催とも準備万端でしたが、その人は師匠の思うこと逆のことばかりして、師匠が何か言うと「はいはい」と軽くあしらい、勝手に客席の座布団を敷いて邪魔くさかった。師匠は僕にそっと「こいつ、変だな」と笑いながら言いました。僕もそう思っていたので「はい、変です」と言って笑いました。うちの師匠は小さん師匠と一緒で（柳家の師匠、噺家はみんなそうかもしれませんが）脇の仕事と言う旅の仕事は上機嫌で、あまりうるさい事は言いません。ですので、この熱海の会の時はこの人の変な言動は特に問題になりませんでした。問題はその後少ししてから、僕がその人や先輩方の落語会に出た打ち上げで起こりました。

その会が終わって飯田橋で飲んでいる時に、僕はその兄弟子を信用していない本心が酔いで出てしまい、他の先輩を立てるようなことばかり言ってしまいました。それに腹を立てたその人は僕を表に連れ出し、胸ぐらを掴み、腹を殴り蹴り上げ、何か叫んで帰って行きました。僕は他の先輩から心配もされ、また僕のその人に対する打ち上げの態度も叱られました。確かに僕が悪いです。ただ、師匠にも誰にもされたことのない暴力を受けたことが、とてもショックでした。

それからしばらくして、その人は泥酔し、師匠宅で暴れて、暴言を吐いて、居なくなりました。その日は二番弟子の兄弟子の真打ち昇進の特別な日でした。真打ちのおめでたい日は最悪の日となりました。そして、この事件は緘口令が敷かれて、師匠が週刊誌に語った以外は外に対して一門は何も言いませんでした。僕もこの本で、このように書いていますが、それは自分の身に起きた、された暴力は書けますが、その人と師匠の前座からいなくなるまでの十何年のことはわからないのと、その人が噺家でやっている過程で評価されたり、後輩が売れたりのプレッシャーでどのように気狂いになってしまったかわからないから、師匠の敷いた緘口令もそうですが、何も言えないのです。それは師弟関係が蜜で密だからです。

その人は今でも違う協会で噺家を続けていますし、噺の評価は高いようです。そして弟子もいるようです。僕はあの人がいなくなった後の師匠とおかみさんの深い傷と悲しみを見ていたので、今でもあの人の画像がＳＮＳで流れてくるとミュートします。そして改めて修業とはなんだろうか、売れるとはなんだろうか、そして師弟とは何かを考え、このように考察し、意見を作っています。深い苦しみの中でも、師匠はあの人を許そうとしていたように思います。師匠はそのような事を言ったりはしませんが、僕は弟子なので師匠のことが少しはわかります。あの愚かなことをした人をいくばくかのペナルティで許そうとしていたように思います。周りの多くの人もその師匠の心の奥がわかっていたので、最悪の結末にならないように説得していました。しかし、その人は親心を理解しようとすることはできずに、どうも裏工作までして、自分が噺家でいることだけを目指して、裏切りに裏切りを重ねました。違うとしても、僕はそう思っています。暴力を振るわれたから余計にそう思うのかもしれません。

とにかく、新しい落語の世界ではここで書いたようなことは一切起こってはなりません。そのために、師弟関係にも介入できる組織作りをしています。そのために子供のお弟子さんとのレッスンはグループで公平にする、そして全てを録画する。大人のクラスも然り。今後、より積極的に日本の落語界のような落語家として生計を立てていくプロを目指す人が出ても基本姿勢は変わらないと考えています。むしろ私たちの団体と雇用契約を結んで、こちらから給料を払う形になるかもしれません。また、僕のように噺家だけをやっていく人だけがプロという定義にもならないと思います。他に職業があって、なおかつ噺家でいる。音楽家で言うと小椋佳タイプです。どれだけの噺家、アーティストが芸だけで食えているでしょうか。バイトをしていると言わないだけで、多くの噺家がバイトをしているようにも思います。それだったら、他の職業で身につけた高いレベルの質を落語にフィードバックする方が芸にはいいようにも思います。何しろ素人、玄人という考えをなくして間口を広げる以上、フルタイムの噺家ばかりではない柔軟さが必要でしょう。その方が、多様な人材を期待できます。その中で作る師弟関係は一般の人が思う、想像するものに近くなるでしょうし、師匠となる人がこうだと言って上から押し付ける縦社会にはならないでしょう。「尊敬と憧れ」を持った存在が師匠です。出来うるなら。僕の好きなスターウォーズのジェダイの世界を多くの人が描いてくれるといいなと思っています。

第二章　これからの落語

一　これまでの私

アメリカで大学での公演では最後に学生さんや先生方との質疑応答の時間を設けることにしている。その時に必ずと言っていいほどに出る質問が「なぜ噺家になったか」という質問だ。これは日本にいる時も散々聞かれてもう何万回も答えた質問で、噺家全員がいつも聞かれていることだろう。どうして噺家なんという特殊な職業を選んだか、これは日米問わずに噺家に聞いてみたいことだと思うので、僕がどういった経緯で噺家になったかの話をしたい。

落語が大好きな高校生

本当に15歳で落語を知ってから今に至るまでの30年、落語のことだけを考えて生きてきた訳ですが、そのきっかけは突然訪れました。
高校へ入学したらボクシングかラグビーをしようと思っていました。中三の受験直前の早明戦はとてもスリリングで僕は明治大学の吉田選手と永友選手の大ファンになりました。受験は早稲田に落ち、法政の付属に入りましたが、法政大学よりも、第一志望で落ちた早稲田よりも、明治大学のラグビー部が大好きでした。その明治大学のラグビーはハーフの永友選手を挟んで、フォワードとバックスの連携が美しく、ウイングの吉田選手がトライを取った時は、全ての選手、応援している人の力が結集しているように感じ、自分が長年やってきた野球にない感動を覚えていました。一方、その時代はボクシング界では辰吉選手や薬師寺選手、鬼塚選手が全盛期でテレビでの世界戦の日はテレビの前で家族みんなで見たものでした。そんな理由からラグビーかボクシングにしようと単純に思い、高校に入学した一年生の僕は見学をはじめました。

学校が吉祥寺でしたので、入学して初めての日、吉祥寺駅に向かう通学路にあった輪島功一ジムへ行きました。テレビで見た通りの輪島さんがいらっしゃって、なんとなく僕には合わないかなと思いました。と言いますのも、下校途中で駅へ向かう途中で輪島ジムの戸を開けると、輪島さんがいました。「みゃ〜、見学? まあ見てってよ」と言っていただき、サンドバッグを叩く選手の指導をしているようでしたが、擬音、オノマトペばかりで、いわゆる長嶋さん語で、ヤクルトスワローズファンで1991年の野村監督のID野球の洗礼を受けている僕には魅力を感じませんでした。

そこで、通学路だからと安直に考えてはいけないと、違うジムを見学することにしました。ちょうど1992年4月10日でした。その日の夜に鬼塚勝也選手は壮絶な試合で世界チャンピオンになり、僕はその熱で新宿にある協栄ボクシングジムに学校帰り行きました。住所が新宿だったので定期券で新宿駅で降りて、ずいぶんと探しながらジムに着きました。外からのガラス越しに10人ほどの見学者がいて、僕はそこに混じって中を見ていました。もちろん鬼塚選手はいません。

数十分見つつ、ここは入門できるのかと思っていると、突然大きな歓声が湧きました。なんと、タクシーで鬼塚選手が現れたのです。サングラスをして顔は見えませんでしたが、生々しい傷が残った男前はまさに鬼塚選手で、見学のわれわれは歓声を上げたものの、息を飲んでジムに入る鬼塚選手を見ました。

すると隣にいた同じ高校生くらいの数人のグループのひとりに「鬼、かっこ良かったな。お前、中学生か」と聞かれました。僕は幼く見えたし、私服の学校だったので高校生とは思っていなかったようで。「高校一年です」と答えると、「そうか、お前、協栄入るのか」と聞かれました。「まだわからないですが、ボクシングがしたいです。」と答えると「そうか、俺たちも昨日の鬼に感動してな。俺たちは朝鮮高校だ。お前は」「法政一高」「頭良いんだな。まあいいや、一緒にボクシングやろうぜ。お前どこ帰るんだ」「新宿です」「じゃあちょっとあるから、自転車に乗せてってやるよ」。

三台の自転車、体の大きなリーダー格の自転車の後ろに乗って（武さんの映画みたいですね）、大久保の駅まで送ってくれました。

「じゃあ、ジムで会おうな。俺はキムって言うんだ。日本語では中村。もしお前が誰かに絡まれたら、チョン高のキムって言え。チョンコウってお前ら言うんだろ。キムばっかだけどな、俺が助けに行ってやる。今日は鬼に会えたし、お前も頑張れよ」

訳もわからず元気つけられて大久保駅で山手線に乗って帰りました。帝京高校の友人から朝鮮高校と帝京高校の壮絶な争いは聞いていました。心強い仲間が出来たと思いつつ帰り、次の日の学校のラグビー部の見学で、あっさりと勧誘に乗り入部したのでした。キムくん、とても優しくて笑顔がチャーミングで兄貴肌の彼を時々思い出します。

ラグビー部の休みは月曜日だけで、その月曜日は数学の塾へ通っていました。付属の大学へ行く予定なので塾に行く必要は無かったのですが、数学が好きだったのと、将来は建築家になりたかったので高校受験で通っていた塾で先生の個人授業を受けていました。うちは建築の基礎工事の小さな会社をしていて、ずっと肉体労働者である父に建築家が一番現場では偉いと言われ、それを真に受けていました。小学生の夏休みには父の大手町のビルの建設現場でたくさんの高層ビルを一日中眺めて、すっかりそういうものを設計したいと思っていました。

放課後、月曜日は塾、それ以外はラグビーの練習と試合という日々でした。足が速かったので、右のウイングに配置されて、吉田選手と一緒だと喜んだものでした。法政一高は中学もあり、内部進学でずっとラグビーをしている仲間と高校からの生徒では実力に差がありました。

そして、高校からの組には林くんという台東区でチーマーの下部組織を仕切っていた有名人もいて、なんだか僕は居心地の悪さを感じていました。それでも林くんは地元が近い僕によく話しかけてきて、僕が中学でのことやボクシングの話（もちろんキムくんの名前も出して）をしたお陰で特別扱いをしてくれるようになりました。みんながペコペコ林くんに接話するのに、僕は林くんの抱いた女の話や（のちに彼は笑点メンバーの娘さんと遊ぶようになります）、ファッションについての話（我が校は私服で毎日がファッションショーでした）を上手く褒めたりしていたので楽だったのでしょう。

しかし、そのラグビー部の生活は長く続きませんでした。僕がタックルの練習で、鎖骨にヒビが入ってしまったのです。昔はよく自転車の二人に乗りをしたんですね、ウイングの先輩とニケツしてそのまま杏林大学へ。それからしばらくは練習の見学と出来る範囲での筋トレとジョギングでした。そして二カ月経った夏休みの菅平での合宿。地獄がはじまりました。炎天下の下で水を飲まずに毎日10時間近い練習。ちょうどオリンピックの年で岩崎恭子さんが金メダルを取ったのを雑魚寝の宿舎で見ました。

そんなある日の食中毒事件は、次章のコラムにありますが、練習試合中にタックルをした僕は、相手の左のウイングをタックルで狩って落ちた時に同じ鎖骨がポキっと折れたのでした。本当にポキっと音がするんです、鎖骨は耳に近いので。そのまま病院、深夜に両親が車で迎えに来て、地獄の合宿は終わったのでした。

東京に帰り、錦糸町の都立病院で骨を固定されると何も出来ない生活がはじまりました。まだ夏休みはだいぶ残っている夏真っ盛り、ここでついに僕の人生は変わってしまったのでした。

その日も朝から亀戸図書館で本を読んでいました。

朝9時に開く図書館に9時過ぎに行って、昼間に一旦ご飯を食べに帰り、また夕方までいるという生活をしていました。何しろ狭い団地の冷房のない自室はとてもいられませんし、2人の中学生の妹もいます。そして左の鎖骨と腕は固定されて、左手の手先と右手しか使えません。歩いて5分の図書館は涼しくて静かで、そして友人に会うこともなかったので静かに本が読めました。

僕の住んでいた地域は非常に荒れていて、不良文化が盛んでしたので図書館に行くような高校生はいませんでした。不良でない人も本を読んだりするよりは、当時出始めたカラオケやゲームセンター、あとは知りませんが兎に角、涼んでいるホームレスと老人以外は図書館でゆっくりしている人はいませんでした。

その日も僕はざっと館内を見た後で、西洋絵画の本を読んでいました。高階秀爾先生の新書での西洋絵画の読み解き方の解説が素晴らしく、僕は絵はまるっきり描けませんが、花瓶の脇に入る直線の位置で印象がずいぶんと変わることや、マネの真似をしたのがモネで、睡蓮という作品やゴッホの向日葵、ロダンの彫刻は似た作品がすごくたくさんあるということを学んでいました。

高階秀爾先生の本はあるだけ読んでしまって、僕が普段読んでいた小説、例えば星新一や筒井康隆といったSFの人の書く文章とまるで違っているし、夏目漱石や太宰治といった有名な小説とも違った「真面目な文章」だし読みやすいなと思っていました。それに従って、図書館には大きな絵画集があるのを高階先生の解説に習って観終わって、どっこいしょと折れた鎖骨を庇いながら重たい絵画集を棚に戻した時でした。

その絵画集の斜め上が演芸コーナーで落語の本がずらっと並んでいたのでした。『現代落語論2 あなたも落語家になれる』そのタイトルに目が留まり、手にしました。ソファに座り読んでみると、いきなり「人間の業ってなんだ」なんて書いてある。業？ 仏教の本か？ 表紙を見ると落語とあるし、立川談志というおじさんもテレビで見て知っている。なんだ、なんだ。どんどん引き込まれて読んでいると日が暮れて、夕飯の時間になりそうでした。

僕はざっと読んだり、丁寧に読んだりして、どうやら落語界というところの喧嘩と、落語は面白そうだと思いはじめていました。そこでその本とNHKの談志師匠のテープ、天災と鼠穴を借りて帰ったのが、僕の今にいたるまでの人生のはじまりでした。

家で夕飯を済ませて、自分の冷房の無い暑い部屋で談志師匠の鼠穴を聞きました。それは冬の噺であると同時に兄弟の確執をテーマにした、暑さが吹っ飛び鳥肌の立つ体験でした。聴き終わって、呆然として天災を聴きました。ナンダこれは。テレビで観るお笑い番組なんかより、ずっと面白い。ナンダナンダ。そして『現代落語論2　あなたも落語家になれる』はその日に読み終えて、次の日からは図書館で西洋絵画はすっかり忘れて、ただただ談志師匠の本と落語と名の付く本とテープと

CDを漁りはじめました。そして僕はそれに飽き足らず、自転車で浅草演芸ホール、上野鈴本演芸場に足を運ぶようになったのでした。

夏休み明け、ラグビー部には退部届を出して、落語を観るためのお金を稼ぐために錦糸町のロッテリアでアルバイトをはじめました。もうすっかり頭の中は落語でいっぱい。そしてなんと当時深夜のテレビでは、「落語のピン」という談志師匠が落語の番組をやっていて、僕はもう落語の虜になっていたのでした。高校時代は『東京かわら版』と『ぴあ』にある情報を頼りに、寄席からホール落語、独演会、関東高田組にいたるまでバイト代が許す限り通いました。週に5回は行っていました。師匠権太楼の落語を初めて聴いたのは鈴本演芸場でした。

そのようにして落語にハマる一方で、色物さんの世界にもハマっていきました。時はボキャブラブームの少し前で爆笑問題がガハハキングで10週勝ち抜いた頃です。談志師匠や高田文夫さんの紹介するお笑いから、若手のテレビに出ないような人のライブまで足繁く通うようになり(ネプチューンはジュンカッツとフローレンスが合併する前から見ていました)、落語も合わせてお笑いの知識はどんどん増えていきました。テレビではダウンタウンの番組を録画し、二台のビデオで簡易編集し、『週刊朝日』のオフオフダウンタウンが毎週水曜日の楽しみという高校生でした。志の輔師匠が安部公房を落語にしたのをきっかけに安部公房はほとんど読み、そこから落語の要素を感じつつ夏目漱石に戻ったり、流行っていた村上春樹を読んだりと、高校で繰り広げられる毎日のファッションショーになんとかついていきつつも、内面は暗い内向的な人間になっていきました。

一方で僕は子供の頃から文章を書いて人前で話すのは得意で、江東区の不良撲滅の弁論大会等にも出ていましたので、その能力とお笑い好きで文化祭のクラスの出し物を仕切るようになりました。法政一高のプラタナス祭は都内でも指折りの人気で毎年女子高生が何万人と来ます。そこで僕は教室で舞台発表がしたくて企画書を書き、クラスメイトの前でプレゼンし、爆笑を取り、3年間企画、出演と責任者をしました。

人見知りが強く、浅い友人しかいませんでしたが、なにしろ林くんがバックにいるし、美術部のお宅とは美人画の話で仲良かったので、セットの発注も出来る。クイズ形式の台本はダウンタウンの番組を参考にしつつ、全面にお笑い色を出し、なおかつ文学の香りもさせようと「青汁喫茶　舞姫」という男女のペアをその場で組み、クラスメイトと他校の女子生徒が出会う場を提供し、クラスは人が入り切らないほどの人気になりました。当時『ポップティーン』という女性誌で「文化祭で見つけたイケメン」という秋の企画で、うちの学校は多くの友達が出ましたが、僕はハゲズラに剣道着でコントをしている姿で出ました。

そして3年になり、僕の苦悩ははじまりました。当時の日記には「将来、落語家か漫才師になりたい」と書いています。高校を出た後は法政大学文学部日本文学科に決まっていて、僕は安部公房の研究をしようとしていたのですが(田中優子先生の江戸の講座も興味ありました)、本音は噺家になるか大阪に行ってNSCに入るかを悩んでいました。東京の漫才は爆笑問題も浅草キッドも追いかけていましたが、僕にはダウンタウンの存在が大きくて、噺家にならないなら大阪で芸人になりたいと思っていました。東京のＮＳＣは一期の頃でペナルティが少しテレビに出るくらいの記憶しかありません。

初版で買った松本人志の『遺書』と談志師匠の『現代落語論２』がバイブルだったのです。ダウンタウンの番組は全部録画、国立の談志ひとり会は原付バイクで通う、落語とお笑い大好きな高校生でした。末廣亭の深夜寄席も定期券で新宿には降りられますので通っていました。吉窓師匠が船徳を演じたのを見て、こんなに上手でお年寄りでも真打ちになれないんだ、それが高校一年で初めて行った深夜寄席の感想で、お客様は20人くらいでした。

そんな訳で付属の大学へは行かず、親には早稲田大学に行くので受験すると勝手なことを言い、噺家にもお笑い芸人にもなれずに高校生活は終わりました。

二　入門

師匠のこと

結局、大学は日本大学芸術学部文芸学科に入りました。予備校の英語の授業は楽しく、現代文や古文の成績が良く、なんと小論文は模試でも全国でも10位以内に入り偏差値とやらも85とか出ていました。世界史は受験科目ではなかったので不真面目で、まあまあでした。それでもまた早稲田にはフラれて、落語や演劇と文学を一緒に出来そうな日芸に入りました。その時の模様は次章のコラムをご覧ください。落語を一時忘れて、恋をしている可愛い僕がいます。そして、僕に取っては最初の天からの啓示、師匠への入門になるわけです。

１９９８年12月29日の新宿末廣亭での「さん喬　権太楼二人会」この会ではっきりと僕は噺家になるんじゃなくて、師匠の弟子になると決めました。

この本のはじめに書きました、何度も何度も聞かれる「どうして落語家になったのですか」の質問に答えるために高校時代からのことを書いてきました。でも一言で言えば直感なのです。僕は直感で生きているのです。ニューヨーク移住の経緯にも2回目の直感の話が出ますが、僕にとって直感は何より大事で、その直感が生まれてくる過程が大事なのです。

いくらここで大学時代の落語の経験を語っても、落語が好きかを語っても、皆さんが持つ「どうしてこの人は珍しい落語家なんかになったんだろう」の答えにはならないのです。直感が生まれるまでの考えに考えたこと、そして考えるために勉強したこと、そして自分に素直に偏見などを持たずに、ただただ感じて好きでいること、これに勝るものはないのです。

ではその「この人の弟子になる、噺家になる」とあの暮れの寒い夜に直感が走るまでの経緯をお話しましょう。

僕は16歳になるちょっと前から真剣に落語を聴くようになって22歳になっていました。落語協会も芸術協会の寄席にも落語会にも通って、数えきれないほど生でも録音でも落語を聴いてきました。

そして大学の江戸をテーマにした講座や演劇史のレポートでも詳細に演目と演者の批評ばかりを書いていました。自分は芸人になる勇気もチャンスも無い人間だったので、せめて将来は演芸の分野かコピーライターになりたいと思っていました。

しかし、うちの師匠の演じた芝浜だけは、全く違ったものだったのです。それまでうちの師匠権太楼の噺はたくさん聴いていました。初めて鈴本で聴いた無精床の噺は上野の雑誌にコラムを寄せましたが、素晴らしいものでした。浅草での佃祭、素晴らしい名演を幾度となく体験していたのでした。しかし、その芝浜は奥さんを殴るということで賛否両論ありますが、僕の心もまたえぐられました。それまで聴いた落語と、どれとして似ているものがありません。師匠が「お前、落語わかってんのか、落語ってのはこうなんだ」と僕に落語で殴りつけているようでした。さん喬師匠の中村仲蔵も素晴らしかった。喬太郎兄貴の一日所長も腹も抱えた、でも師匠の芝浜は僕と師匠以外の世界が止まって、僕に向けて「落語」という物をぶつけられたと感じたのです。それが勘違いであっても。

僕はその日のアンケートに「権太楼、素晴らしい夜もありがとう」と書きましたが、今考えると本当に頭がどうかしちゃってました。そしてその直感は確信に変わり、入門にいたります。

噺家の修業、真打ちまでの道のりは長く、この本では書ききれませんのでまたの機会にいたします。これからは、なぜ僕が噺家になったのか、それを語り、「なぜニューヨークに移住したのですか」について書いていきます。

父の死

2016年の2月から演劇の仕事が忙しくなりました。2016年以前にも俳優として演劇の現場には度々出演していましたが、真打ちになってからの1年10カ月は古典落語に集中していました。そんな折にずっとファンで追いかけていた芝居(大人の芝居コント)に声をかけていただき出演することになりました。

僕が真打ちになっても演劇をやるんだと知った友人から「12人の怒れる男」の出演の打診がありました。彼は同い年の役者で小川新太郎くんといい、20代の前座の頃に彼や彼の劇団の役者さんと一時期よく遊んでいて、ちょっと疎遠になってましたが、僕も前座から真打ちになり、彼の劇団も大きくなり、彼も売れてきたところだったので、勢いついでに出てみようとなりました。

その頃新太郎くんは美輪明宏さんの舞台にも出ていて、僕は美輪組の役者さんはたくさん友達がいて、何か縁を感じたのもありました。しかしです、稽古が始まって初日に僕は行ったのですが新太郎くんは他の舞台の千穐楽で来られない、2日目、3日目は僕はゴールデンウィークで鈴本演芸場の高座があり休みというスケジュールでした。僕は鈴本の高座を終えて、神奈川に住む美輪組の役者さんの家で筍掘りをして、新太郎くんの噂話をして酒を飲んだ次の日の朝でした。新太郎くんが夜中に喉に食べ物を詰まらせて死んでしまったのです。僕たちは40歳になる歳でした。

そこから劇団内の方向で悲しみの中、稽古を全うし、公演はするということになりました。僕は稽古の最中も黄金餅をネタ下ろしする会もあり、悲しい気持ちを誤魔化すように、演劇と古典落語の稽古をしては酒を飲む毎日でした。そして、僕が決意したのは「12人の怒れる男」の江戸バージョン「12人の粋な江戸っ子」を作り、新太郎くんを自分なりに弔おうということでした。それには自分で台本を書き演出する、そして芝居の制作をするということで(誰に頼まれたわけでもないので)、柳家東三楼一座を作ろうと考えました。今まで側から見てきた演劇の手法と落語会を作る手法をミックスさせて、古典落語をベースとした新しい演劇の世界を作ってみたいという気持ちも湧いてきました。僕なりに新太郎くんを弔うには「12人」という素材で、落語と演劇の世界を作る、そんな気持ちでした。

ただ僕は演劇を制作したことがなかったので、一度、古典落語を役者さんたちにやってもらう劇を作って、それから「12人の粋な江戸っ子」に取り掛かろうと計画を立てました。柳家東三楼一座という僕しかいない劇団に役者さんやスタッフを集めて公演しようと考えたのです。幸い演劇仲間はたくさんいたので、話は割りにスムーズに運んでいたのですが、僕が本格的に演劇をやっているというので、12人や4月の大人コントを見た演劇関係者から続々と俳優としてのオファーがきました。正直、僕は芝居が上手ではありません。演劇学校の教室にも行ってません。現場、現場で演出家に怒られ、役者仲間を見て真似ながらやっている程度で、落語的な癖や古典落語調の江戸弁も抜けず、あまり良い役者とは思えません。

しかし、クレジットの中に噺家の名前があるのが良いのでしょうか、それとも僕の酒の付き合いが良かったのでしょうか、次々と映画や演劇の話がきました。生活の糧は落語ですし、真打ちになって評価も得たいので、落語会や稽古は通常通りにしたい、その上での演劇と考えていましたのでお断りもしましたし、出演はしたけどクレジットに載っていないものもあります。それでも俳優の仕事を断りきれずに2017年1月に予定した「12人の粋な江戸っ子」の公演まで落語会と演劇の稽古、公演でスケジュール帳が真っ黒になりました。しかも柳家東三楼一座の第一回公演「ひとりde らくご　みんなde らくご」は10月、11月3日が独演会という日程で、11月の独演会が終わった段階で「12人の粋な江戸っ子」の脚本の完成と制作のスタートという日程でした。

「12人の粋な江戸っ子」は12月に入っても台本が完成しませんでした。ダブルキャストも含めて20人近いキャストとスタッフを抱え、台本が上がらないことで役者さんに詰め寄られたりしました。目黒区内の稽古場を出て、武蔵小山の部屋まで頭を抱えながら歩いて帰った夕方でした。

珍しく家の電話が鳴り、何かと出てみると、文化庁からで「そういえば、11月の独演会で文化庁の芸術祭に参加したな」と思っていると淡々とした口調で受話器の向こうの職員さんは「新人賞の受賞ということで、つきましては来年2月の○日に授賞式がありますので参加できますか」と言っていた。あまりの淡白な言葉の言い方で、最初意味を理解できなかったが、ようやっとわかったので行かれますというと今度は少し強い口調で「12月○○日に発表になりますので、それまでは情報の管理はしっかりお願いいたします」ということだった。

要はSNSなんかで言うなよってことだと認識しました。自分としては初めて出て、いきなり賞をいただけると思っていなかったので(まわりは何度も出ているようだったので)、なんだか実感は湧かなかったので、ひとまず月光泉という銭湯に行って湯に浸かりながら師匠やおかみさんには連絡したほうがよさそうだとか、母に伝えたら喜ぶだろうか等を思案した。天井の高い更衣室でおかみさんに電話すると声が女性の方にも聞こえそうなくらいに響き、おかみさんの反応は覚えていない。あら、そう良かったじゃない、調子に乗らないで頑張りなさい、くらいのものだったように思う。お父さんには伝えておくから、はい、ありがとうございます、と電話を切ると、途端に現実味が出てきた。

師匠はなんて言うだろうか。というのも、「12人の粋な江戸っ子」で僕が描こうとしていたのが、父や師匠という身近な小さな権力と、もう少し大きな町内会の会長みたいな権力者、そしてその権力の広がりの中で暮らす市井の葛藤と闘争を描きたかったからだった。ロバート・アルトマンの『ショートカッツ』がレイモンド・カーヴァーの作品を細かく取り込んだように、「12人の粋な江戸っ子」は火事息子をはじめとした古典落語のエピソードを背景に、父と子、権力者と弱者の対立を描いていた。

僕の受賞で師匠との関係や、連絡を取っていない父との関係が変わるのであろうか。だとしたら、作品に影響が出てしまう。そんなことを考えながらも、母には伝えて喜んでもらおうと電話しようとしたら、しきりに涙が溢れてきた。それは、この演劇の主な中心のテーマである、父と子の関係が、自分の境遇とも重なり、それとともにこの作品が終わって、その授賞式なりがあった後は自分が大きく変わってしまうであろうと想像できたからだ。何かがもうすぐ終わる、僕はこの作品と共に、自分の中に一つの区切りを付ける、それが古典落語を飲み込んだ演劇作品の演出、脚本であるが、その内的な要因のほかに芸術祭の受賞という外的要因も加わった。何かが音を立てて動いていくのがわかった。

アメリカ移住の大きな原因でもあるので、ここで僕と父のことを書きたいと思う。これは横糸の脱線ではなく、大きな縦糸である。台本を書くのと並行して、父のことを小説風にスケッチしたものがこの「亀戸」という文章だ。この文章が台本を書く前の気持ちの整理として、古典落語に絡めて書かれている。

三　「亀戸」

1976年の秋に僕は生まれた。

父はビルや建物の基礎工事を専門にし、世がバブルの建築ラッシュの時に戸建住宅専門の地下室施工業者として独立した。バブル、そして30代の前半であった父は遊びに遊び、うちには寝る以外に帰って来ず、ついには行方をくらました。母の心境幾ばくかと妹と思いやった日々のある日を「子別れ」「たらちね」という古典落語のネタにちなんでエッセイを書いた。

子別れ　私の父のこと

初めて父が失踪したのは僕が小学3年、妹が小1、年長の時でした。１９８６年は歴史的にバブル時代の幕開けとされていますが、建築現場で基礎工事の仕事に就いていた父は日ごとに給料が上がり、毎晩女性のいるお店に飲みに行くか、夜勤をするかで、ほとんど寝ないでいるようでした。年齢も32歳くらいで今の僕よりずいぶん若い頃。親子5人汚い、ゴキブリだらけの団地に住み、母もパートをしておりました。父は給料袋を手に、年収８００万いくぞ、とご機嫌でしたが、妹の習字や僕の少年野球の月謝は滞納滞納、それもそのはず、父は飲み屋やパチンコ、スロットで使ってしまっていたのです。そんなある日。母は僕たち子供3人を埼玉の奥の友人の家へ預けました。

母はしっかり言葉で、

「疎開するのよ」

と言いました。

理由は父が女と居なくなってしまったからです。

疎開先の埼玉のお宅は父母の友人宅で、僕と同い年の男の子と妹と同じ小学1年の女の子がいました。「みんなで仲良く寝るのよ」僕ら子供5人は二階の和室に並んで寝て、大人3人は居間のテーブルで話をしていました。お宅の子供2人と妹たちは遊び疲れてすぐに寝付いたのを確認し、僕はそっと下の会議を覗き見ました。母は泣いて、小さな声で御夫妻に話していました。テーブルには何も乗っていませんでした。この家なら椅子だから、座りダコは出来ないなと思いながら（うちは正座でご飯が基本でした）、小さく泣きながら話す母の声に耳を澄ましました。

6月の終わり頃で雨が降る音が微かにして、声はところどころしか聞こえませんでしたが、ある程度の状況はわかりました。

「あの人は」「ロシア人の女と」「居なくなった」「旅行だかなんだか知らないけど」話の断片を繋げるとこういう内容でした。要は父は入った給料を全部持って、女房子供4人を置いてロシア人と居なくなり、母は居ても立ってもいられず子供を連れて友人宅へ逃げてきた、ということです。

6月ですので僕らは学校を休みました。お宅の子は学校へ行くし、母はパートへ行くので土曜の夕方に帰って来ると言って、東京へ帰りました。奥様と僕と妹で日中、かるたをしたり、折り紙をしたり、あやとりをして遊びました。妹と僕はなんとなく事情はわかっていました。

数日経ち、母が土曜の夜に泊まり、翌日曜でした。梅雨時の空は重たく、湿った生温い風が玄関先の子供用の自転車にまとわりつくようで、朝からお宅の娘さんは何度もハンドルの動きを確かめています。皆で寛ぐ、昼下がり、

「わあ、お父さんだあ」

下の妹が外を指差し、テレビを見ていた母や御夫婦も外を見ました。車に乗った父がやってきたのです。駆け出す妹たちについて表に出ると、車に鍵をし、ジーンズに右手を突っ込み、父がこちらへやってきました。

「金がよ、500円しかなくなっちゃったからよ、帰ろうぜえ」

父はこちらに歩んできました。


幼い僕の埼玉での記憶はぷっつりとここで切れています。それから数日どうしたのか全く覚えていません。すこしした放課後に電話が鳴りました。家に一人だった僕がでると、受話器の向こうは、母方の祖母で泣いていました。

「アキヨシ、アキヨシ」祖母はすすり泣いています。

「おばあちゃん、どうしたの……」

「お父さんいる？」

「いらない」

「やだよ。この子は」祖母が小さく笑いました。

そして短い沈黙。

「アキヨシ、アキオは悪くないんだよ。お酒が悪いんだよ。アキオは悪くないんだよ」

祖母は自分に言い聞かせるように、何度もお酒が悪い、お酒が悪いと泣いていました。

「おばあちゃん、オレがいるから大丈夫だよ」

10歳かそこらの僕は泣いている祖母に必死で明るく、大丈夫、大丈夫と言い続けました。祖母は茨城で裕福な男性のお妾として、母と叔母を育て、母が16の時にその男、つまりは僕の祖父が死んだのをきっかけに東京へ出てきた苦労人でした。その東京で娘が定時制に入り出会って結婚したのが父、アキオさんでしたので祖母は母に苦労なく僕や妹子供とともに幸せな家庭を望んでいたのでしょう。ところがどっこい父は、当たり前の幸せとか、倫理なんてものは持ち合わせていなかったのです。

数日後の夜中に父と母がこそこそ話をしていました。離婚したら、どっちがどの子を引き取るかの話を襖を1センチ開けて妹と僕で覗き見ると、

「アキヨシは長男だから、墓やって貰わないとな」「キョウコもあげる」とひそひそ話しています。僕がそっと下の妹の顔を見ると、腐った梅干しを食べたように顔をスボメていて、今でも妹はそのことで傷ついている、と明るく言います。

結局両親の間に仲人さんが入り、話し合いをすることになりました。浅草の先、花川戸に住む仲人のナカムラさんは父が勤めていた会社のお偉いさんで、東京外国語大学の前身の学校を出た方だという。家に本だけの部屋、書庫があるからアキヨシはそこを見せてもらいなさいと、亀戸から向かう車の道すがらで父はあたかも自分が偉いかのように助手席の僕に言うのでした。

初めて行くナカムラさんのお宅は立派な日本家屋の二階建てで、一階の居間に通されました。

「書庫はどこですか」僕が奥様に尋ねると、「書庫行きたいの。御本はね、お隣なの」と奥様はお茶を入れながら僕に優しい口調で微笑みました。後からわかったのですが、書庫やナカムラさんの書斎は別棟にありました。

「あっくんとリョウコちゃん、キョウコちゃんは、おばちゃんと散歩に行きましょうか」

ナカムラさんと両親で話をするので、子供は奥様と外に行くことということに。

7月の初めでまだ梅雨は明けておらず、墨堤沿いは生暖かく、時折り隅田川の薄い潮の匂いを含んだ風が通り過ぎていく。白と灰の間くらいの雲が覆う下に隅田川が流れていて、橋を通ると幾つか小さな船が見る。奥様と僕と妹で手を繋いで並んで歩いて行きました。妹と手を繋ぐのは久しぶりで恥ずかしかったのを覚えています。

僕は必要以上に手をぶらぶらさせて、妹の手をひっぱっていると、

「あっくん、今日はなんでも好きな物食べていいのよ。今からおばちゃんと浅草でご飯食べようね」

「うん」

「何食べたいの」

「鰻」

「鰻?」

「そう、鰻食べてみたい」

落語をご存知の方は笑うかもしれません。古典落語の名作、子別れのラストシーン、両親が復縁するのは鰻屋が舞台。当時の僕はそんなことは知らないが、鰻が食べてみたいけど、貧乏なうちでは無理だと思っていたので、ここぞとばかりに言ってみました。

悲しい雲の下。

妹の手を強く握った。


浅草の鰻屋へ入った。客は僕ら以外に居なかった。鰻が出来るまでの数十分、妹二人は駆け回り、僕は奥様と勉強や野球の話をしていた。奥様はお茶を飲み、僕はお重を一つ、妹は一つを二人で食べ、ナカムラさんのお宅へ帰った。今でも浅草演芸ホールの帰りにそのお店の前を通る。それ以来店に入ったことはないが、子別れを高座でやっている時はいつも、その店の座敷で駆け回る幼い子供の姿を思い浮かべてしまう。居間でナカムラさんと父は焼酎の牛乳割りを飲んでいた。話はすっかり済んだようで、子供も小さいので父は心を入れ替えて夫婦一生懸命にやるとなったようだった。

「ナカムラさんは毎朝新聞をくまなく30分で読むんだ。お前に出来るか」

小学生の僕に父はまたも自分が凄いかのように、僕に言った。

「どの新聞？」

生意気な僕は父に嫌みで返す。なぜならうちは、父がジャイアンツのファンで読売新聞を取り、仕事の関係で赤旗を取り、母方の祖母の勧めで聖教新聞を取っていたからだ。

「うるせい、お前、書庫見せてもらえ」

車で来ているのに、酔っていた。時代がどうこうじゃない。家族への意識がトコトン薄い。倫理観なぞ、コンプライアンスなぞまるでない。酒を飲んで車を運転しちゃいけないのは、捕まって免停になると仕事に電車で行かなきゃいけないからだ。女房子の安全のためではない、そういう男なんだアキオさんは。とまれ、書庫は図書館のように壁一面に本があり、真ん中に1メートルの高さで両面、長さ5メートルくらいの本棚のずらっと辞典から何から並んでいた。ナカムラさんは端の方から2冊手に取り、

「あっくんにはまだちょっと難しいかな」

渡された本はのらくろの昔のハードカバーと新書版の『イワンのばか』だった。

「ナカムラさん、ありがとうございます」

僕は本をいっぺん見てから父を指差し、

「ホントのばか」

「うるせい」父に頭をはたかれた。

「あっくん、お父さんにそんなこと言っちゃダメだけど、ま、今回はね、ははは」

そのイワンのばかも後年、自宅が父の借金でヤクザに踏み込まれた時に無くなってしまった。

*

「たらちね　父と母のこと」

祖父と祖母が結婚をして、曽祖父は南品川に結構な家を建て住まわせたそうです。曾祖父は浅草で的屋の親分だったと聞いています。祖父祖母には何年も子供が出来なかったので男の子を養子に取り、しばらくして父が出来ました。その養子の子は父が小さな頃に病気で亡くなり、その後は3人で品川に住んだと聞いています。

時代は戦後しばらくで、その影響で祖父は真面目な鍛冶職人からヒロポン中毒になり、ろくに働かなくなっていたようです。曽祖父のお陰か中学に上がるまでの父は裕福に育ちました。かなり大きな家で伝書鳩をたくさん飼い、肉は牛肉しか食べなかった。その影響で団地で貧乏暮らしの子沢山になってからも食卓は父だけ和牛、母子は豚肉というふうに、食にうるさい面がありました。祖父は働かない上に博打で負債がかさみ、品川の邸宅は売って、鍛冶屋をしていた向島へ越しました。ですから父は寺島中学だったと言っておりました。

それから祖母は祖父に見切りをつけ、習志野へ父と移り、二人で暮らすようになります。習志野の高校を一年で辞めた父は東京の定時制に移り、母と出会うわけですが、その間のことはほとんどかたりません。ひとつだけ、祖母に大量の薬を飲んで死のう、と心中を持ち掛けられた話を二度ほど聞きましたが、それ以上は教えてくれませんでした。祖母は祖父と結婚する時に堅気になるので、腕の墨を焼きごてを火鉢にいれ、焼いて消したそうです。

父と母の出会った定時制高校は相当荒れていて、授業中にシンナーを吸ってぶっ倒れて病院に運ばれる人が何人もいたようです。僕が育った江東区の高校です。穏やかで優しい母からは想像できない環境ですが、やんちゃ者の父が上手に守っていたのかもしれません。恋人当時の写真が僕ら子供のアルバムに並べて貼ってあり、妹と笑ったことがあります。二人で海へ行ったのでしょう、母はビキニを着ているのですが、父は母の隣でバイクに手をかけ、玉虫色の四つボタンの細身のスーツで渋い目でカメラを睨んでいるのです。妹と爆笑しました。真夏の海で、単車にスーツにビキニの女。しかし、これが抜群にいい男。アキオさんは僕や妹とは違い、バッチリ二重のイケメン細マッチョで、それは十代の頃から変わりません。

父21歳、母20歳で結婚をしました。今のティアラ江東、以前の江東公会堂で式、披露宴をしました。翌年に僕が誕生するわけですが、どうやら熱海への新婚旅行もお腹の中で帯同していたようです。胎動だけに。しかし、結婚にまつわる話でも父は問題を抱えていました。なんと母の他にも女がいて、僕と同い年の女児を生ませていたのです。父方の祖母は母にその話を不人情にも伝え、その話は中学時代に僕にも伝わり、今でも僕は生ませた女性の名前すら知っております。父の女癖の悪さは今にして思うと、根に染み付いた、生来のものだったのでしょう。知らないだけで他に女がいたとしても不思議ではありません。事実噺家になってから父に紹介された女性でやたら僕のことに詳しく、子供の頃から知っていると言って僕らの運動会などをいかにも懐かしそうに語った熟女は、長年ダブル不倫していたんだと僕は睨んでいる。

他にもまだまだ女の影はありますが、いずれ依頼がきたら書くことにいたします。

昭和51年に僕が53年と54年に妹が産まれました。それに伴い、北砂の風呂の無いアパートから近くの団地に引っ越し、僕が18になるまでの15年を過ごしました。24、25で子供を3人持つのは大変だったろうと思います。しかも祖父は二人とも亡くなっていましたので、経済的な支えは父、母の収入だけでしたのでこうやって育ててもらったことに、妹共々、心から感謝しています。

時は平成14年僕が25歳、二ツ目昇進まじかの秋に遡ります。その夜は23時過ぎに師匠宅での修業を終え、自転車でアパートへ帰る途中でした。前座になって一人暮らしをはじめ修業に忙しく、また里心がついてもいけないと、両親とは連絡を取っていませんでした。そんな折の父からの着信。

「あきよし、お父さんとお母さんは離婚する。お父さんの借金の額が大きくなりすぎて離婚しないと、お母さんにも返済の義務が出る。それで、お父さんは違うところに引っ越すから、当分会えないぞ、わかってな」

「うん」というか言わないかで、父の電話は切れました。切実な声の電話でした。なんとなく風の噂で怖いところからも借りているとは聞いていましたが、あんなに切羽詰まったような父の声を聞くと、立ち止まった自転車のハンドルを持つ手が震えました。

次の日、師匠宅を出て寄席へ向かう途中で妹に電話し事情を聞くと、我が一家は大変なことになっていました。母の話をまとめると、父が借りているところから脅しが入り、夜逃げした、そして住んでいたところは踏み込まれて、父の行方も探されているので一人で逃げた、ということでした。

「お父さん一人で逃げるのは寂しいだろうから、マリンも一緒に」

一人の妹はそう言ったそうです。

歯を食いしばって。
拳を強く握りしめた。

マリンというのはうちで飼っていた猫で、父に一番なついていたので、付けたという。これから命からがら逃げる人間がどうやって猫を連れて歩くのだろうか。父の命も心配だし、猫のことも気にかかった。ヤクザから逃げるんだ、きっと北海道とか九州とか、山陰とか、どこかはわからないが、福田和子や市橋のように日本全国を逃亡するのだろうか。父はテレビで警視庁24時を見る度に、日本のヤクザは警察より優秀だと言っていた。

辺境の漁港そばのアパートで女と猫と暮らす絵を思い浮かべた。小さな町で建築関係の仕事を偽名で見つけ、その金でアパートを借りたり、スナックで女を口説くのだ。お得意の安全地帯や井上陽水を歌い、「僕は東京で会社をやってたんだよ。息子が落語家でね、こいつより僕の方が面白いんだよ」かなんか言って、酔う姿がはっきり浮かぶ。いろんなスナックでツケで呑んじゃあ、僕の話をしていたと、方々で聞いている。

しかし、僕の方も修業が大変で、その上秋に迎える二ツ目の昇進の仕度で精いっぱいで、いつしか父や母、妹のことは忘れてしまいました。

ここで「亀戸」という文章は終わっている。僕と父を中心とした家族がわかっていただけましたでしょうか。そんなわけで、僕は芸術祭新人賞受賞は数人の役者仲間と母に伝え、新年の春を迎えました。

ところがです、12人の公演を一週間後に控えて、役者さん10人くらいと浅草へ衣装合わせと小物の買い出しに行った1月9日のことです。前座時分からの馴染みの小物屋にみんなを案内し、浅草演芸ホールのある六区のあちこちを観光案内しつつ、新仲見世の着物屋へ立ち寄った時に下の妹から電話がありました。

「お父さんが現場で頭潰れちゃって、死んじゃったみたい」

最初、これを聞いた時に理解ができませんでした。空は冬の乾燥で抜けるように青く綺麗で、正月の浅草の賑わいは楽しく、僕たちは新しい劇をやるための衣装選びに夢中でした。着物を着けながら台詞を言ってみたり、髪飾りは扇子と手拭いとは違って小道具にはカウントされないとか、あでもない、こうでもないと稽古の合間のひと時を楽しんでいました。

そこへ突然の恐ろしい電話。とりあえず僕は簡単に役者さんたちに事情を説明し、東神奈川の警察署へ向かいました。

結果、父の亡骸が警察署に届き、僕は父の顔を見ました。後頭部は布で覆われていましたが、顔は綺麗で、タバコのヤニで黄色くなった歯が見えて、真っ白な顔と首は死を確認するには十分でした。台本の中で散々に格闘していた父性的な権力の象徴であるはずの父は顔の筋肉の力が抜け、とても穏やかでした。途端にこれまであったわだかまりを忘れて、僕がごく幼い頃の楽しい父との思い出や、今作っている劇を父に見てもらって、ある程度和解したかった気持ちが湧き上がってきました。すると、止めどなく涙が出てきて仕方ありませんでした。

その後で妹や母が来てからの記憶はほとんどなく、葬儀は通夜が小屋入りの前日、告別式が小屋入り、ゲネプロ当日となりました。僕は仲間から数日休んだほうが良いと言ってもらいましたが、家にいても仕方ないので、父が死んだ翌日から稽古に出ました。東神奈川の駅前の現場にわざわざ行って、事故現場の生々しい血の痕が頭にこびり付いていて、どうにも頭の中が混乱していましたが、何より一週間後に迫った初日を考えて過ごしました。

幕が上がって、僕の芸術祭受賞もあり、連日超満員で会場に入るだけ椅子を増やして行きました。演劇関係者には父の死を言わないように緘口令を敷いたので、来る人、来る人が僕に受賞おめでとう、大入りおめでとうと言っていただき、心の中で整理できていない父のこと、演劇で描いた世界が父の死によって完結しなくなってしまったことの混乱が相まって、僕は生きた心もちがしないまま千穐楽を迎えて、結果、インフルエンザにもなり、1月の終わりは過ぎていきました。

2月に入ってすぐにあった明治記念館での文化庁芸術祭賞の受賞式は、母や妹や叔母を連れていきました。通常は家族の同伴が許されてもマネージャーや所属事務所関係者が行くだけのようですが、僕は家族の気分を変えようと、大勢でいきました。僕の家族は式の会場の隅を陣取り、誰も手を付けていない食べ放題の料理を存分に楽しみ、会場にいる芸能人に僕の名前を出して(僕の名前を出したって絶対に知らない)、携帯で写真を撮りまくるという始末でしたが、僕はなんだか慣れない席で審査員の方の話を聞きながらお酒を飲んで帰ってきました。

受賞後は寄席の出番もホール落語やテレビの演芸番組、朝のテレビ番組の1クールのレギュラー等、仕事がたくさん来ました。真打ちになった時以上に師匠とも会話ができるようになったようにも思えました。それは受賞もあるでしょうが、僕に起こった変化、それは演劇の世界にどっぷり浸かって落語の世界へ帰ってきた新鮮さのようなものや、僕が台本の中で書いた、自分と権力者の間にある誤解と和解について、自分の中にできた諦めにも似たような飲み込みの効果もあったと思います。

そのように忙しく、そしてまた入門当初に自分の描いていた「古典で評価され、メインストリームを歩む」という道が開かれたのにも関わらず、僕は12人で和解できなかった父との終焉、別れを消化も昇華もできずに、日に日に憂鬱さが増し、ついに深刻な不眠症と鬱のような症状が出てきました。僕は役者もやっている知り合いの精神科に通うようになり、睡眠薬と精神安定剤を服用するようになりました。

高座でも楽しい気持ちが浮かばず、突然喉が渇いて高座を降りるような、実際的な身体の症状も出てきました。どうにもやりきれずにゴールデン街で酒を飲み過ぎて、数日部屋で寝ていると、より心は沈んでいきました。毎日部屋でジャズのレコードを聴く、酒を飲む、起きて落語会へ行く、酒を飲む、ジャズを聴く、このターンに睡眠薬と精神安定剤が加わって、とてもまともな生活ではありませんでした。

この頃から趣味でしていたランニングもやめて（それまでは毎日10キロ走ってました）、急激に体重も増えて、不健康になっていきました。世間様からはありがたい言葉と仕事をいただいて、外から見ると噺家として上手くいっているように見えていたでしょうが、実際はボロボロの生活と心の中でした。

父の死だけでこんなにも自分が揺れて変わってしまうものかと、台本を書いている時以上に考えました。そして僕は落語の仕事を取るのをやめて、京都のアートギャラリーが持つ長屋へ居候させていただき、一旦落語はせずに父のことを小説に書く生活に移りました。

その京都のギャラリーは京都場といって、僕の書くコラムやイベントに度々出てきますが、壬生寺のすぐ裏でアーティストと館長との共同生活がはじまったわけです。そして、この京都場での生活が間接的、直接的にアメリカ移住のきっかけになるわけです。そのような理由で、演劇やら父の死やらまで含めて、アメリカ移住の前提を書いてきました。

さてその京都場での生活です。はじめてのニューヨーク行きはここで決まりました。

京都場は友人の建築家が京都の三条通り商店街の脇にある友禅染めの工場が壊されてしまうというのを知り、借りてフルリノベーションして、それまで事務所等に使っていたスペースはアートを内包してギャラリーも見られる民泊にするプロジェクトでした。

その第1回の展示が写真家の伊島薫さんで(この本の装丁の写真は伊島さんの撮影です)、僕は親しくさせていただいている以上に、伊島さんには12人で役者デビューをしていただいたということもあり、僕はゲストとしてオープニングやトークショーと落語会で呼んでいただきました。僕は伊島さんの作品を買い、アーティストと館長が宿泊する長屋に滞在し、その空間がとても気に入ってしまい、東京からの一時避難先として滞在できないか相談し(館長や建築家の友人には小説執筆に集中したいという理由で)、若干の家賃を入れて、館長と居候生活に入りました。

昼間は長屋や近所のスーパー銭湯で小説を書き、夜は招聘アーティストや館長、ギャラリーに来たお客様と酒を飲む、噺家稼業は数カ月休むことにしました。少しばかりの蓄えで目黒の部屋の家賃は払いつつ、京都に潜伏する生活です。たまにテレビのロケやラジオのゲスト出演があるとそっと東京に帰り、また京都に戻る生活でした。長屋が何かの理由で泊まれない時は(京都市内の美術館の大勢の搬入スタッフに貸すとか)小豆島や大阪に滞在していました。

そんな日を2017年の5月の終わりからはじめて、6月の終わりくらいでした。ITの会社を営む友人から英語学校のCMの仕事をしないかという依頼があったのです。僕は小説を書いているだけで落語はしていなかったので、何十万円かいただけて英語の勉強をする、しかもセブ島に行かれるのは魅力的でした。大学を中退して以来、噺家の世界では外国語、外来語はおろか漢語っぽい熟語も古典落語に出ないように心がけていた身としては英語は御法度中の御法度ですが、背に腹はかえられないのと、小説を書いている状態の言語的リフレッシュに良いのではないかと思い、引き受けました。

依頼内容はセブにある日本人経営の語学学校のオンラインレッスンを受けて、秋に2週間の留学をする契約でした。毎朝起きて25分のレッスンをする、それだけですが英語を英語で教わるのは経験がなかったし、何しろ文法、英単語は20年ぶりです。ひとまず四条大宮の駅前の書店で昔大学受験で使った参考書や入門書を買い、思い出すことにし、少しずつオンラインレッスンに慣れていきました。英語を喋るのは大学の英語の会話の授業以来ですし、本格的に発音の練習をするのも生まれて初めてでした。今でこそベラベラと英語で話し、落語をしていますが5年前の僕はRとLの発音どころか、CとSやBとV、Aの発音ですらまともにできませんでした。

9月にセブ島に2週間留学しました。師匠や一門と旅行した以来でした。3回目のセブ島は知った街並みが留学という要素が入り、とても新鮮でした。大学生に混じって英語を勉強する、そして週末は海で遊ぶ、鬱状態にあった僕は、英語で脳を、透き通る海で身体を回復させていきました。

ある日の朝、ぽっかりと脳に浮かびました。

「英語だったら落語できるかも……」

軽い気持ちで語学学校の社長に言ってみると、学校で全面的にバックアップしてくれるという。

そして2018年の2月に3週間、英語落語作りの留学をすることが決まりました。

この出来事を京都場で次の展覧会の準備が終わり休憩をしている時に建築家の友人や館長に話し、これまた軽い気持ちで「せっかく英語で落語やるんだから、ニューヨークでやりたいな」そう僕が言うと建築家の友人が「ニューヨークに料理家のダチいるから、スタジオで落語できないか聞いてやるよ」とのこと。そこからトントンと話は進み、僕がニューヨークで公演するとSNSに書くと、ニューヨークの友人やトロントの落語ファンの方から連絡をいただき、瞬く間に18公演が決まりました。

初めてのニューヨーク公演やその他の移住に関してはこれまで連載してきたコラムにありますので、ここでは割愛します。とにかく僕は演劇活動から父の死、京都への逃避を経て、セブ島、トロント、ニューヨーク、そして休暇で滞在したボストンですっかり鬱の症状は治り、アメリカ移住に精魂を傾けることになりました。

四　アメリカ移住と新型コロナ禍

移住を決めてヴィザがおりるまではアメリカ各地を回り、経験と人脈を得ました。ニューヨークで知り合った大学の先生が日本語教師のメールリンクで僕が公演先を探していることを流してくれました。マイアミ、タンパ、セントピーターズバーグといったフロリダからちょっと上がってニユーオリンズにもジャズを聴きに行きました。サンフランシスコ、アナハイム、サンディエゴのある西海岸、またSNSで活動を知った皆さんからも情報を得てヴィザを取得してからも、ボストンをはじめもミシガン、オハイオといった中西部、そしてその後もコロナ禍でのオンライン公演を挟んで、ワシントンDC、メリーランド、ヴァージニアあたりはバスで行き、テキサスのダラス、ヒューストンにも伺いました。

2019年の7月の終わりにニューヨークへ越してきました。越してきたといってもスーツケースとバックパックに数枚の着物と着替えを入れただけで、東京の部屋にあった荷物は本やレコード、家具などは全て処分して、仕事に必要な物は妹の家に仮で置かせてもらいました。はじめは550ドルのシェアハウスでマンハッタンからは1時間半もかかるコニーアイランドのそばでした。東京駅からすると大船とか鎌倉よりもっと先にあたります。そこは地下室に4部屋あるところで、6人くらいでキッチンと風呂を共有していました。

僕はこれまでに学生時代のアルバイトを除いて、噺家以外の仕事をしたことがありません。正確にいうと結婚式の司会やテレビ、ラジオにも出ていますし原稿を書いたりしていますが芸名を使わない仕事はしないことにしています。それは師匠からアルバイトは禁止と昔に言われたのと、たぶん僕は芸人以外の仕事は務まらないんじゃないかと自分を信用していないからです。

そしてアメリカでのヴィザはO-1というアーティスト向けのもので、表現に関する以外の仕事は違法です。２０１９年当時はドナルド・トランプ政権で移民に厳しく、ヴィザも追加書類を求められたり、更新できずに帰国した人の話もあり、かなり移住と仕事に関しては敏感な時期でした。そして１年のアメリカと日本での放浪生活と引っ越し、弁護士費用で貯金とクラウドファンディングで集めた１千万円弱はすっかり底をついていました。すぐにでもアメリカで落語家としての仕事をしないと生活できない、そんな状況での移住でした。

そのような中で見たアメリカ、ニューヨークはまさに格差社会でした。特に僕の置かれた環境はそうでした。

というのも普段遊んでいる仲間は役者やアート関係が多いのですが、皆、日銭を稼ぐために不法だろうがアルバイトで生活をしています。一方で呼んでいただく食事会やパーティでは成功した弁護士、公認会計士、医者、経営者、外交官、国連大使、著名な芸術家、大学教授、一流企業の駐在員と日本人が考える平均よりずっと裕福な方でした。そのような中で一人だけ着物でいる僕は師匠、師匠とは言っていただけるものの実際は一文無しで地下のシェアハウスに５５０ドルで住む42歳のおじさんでした。それでも僕は楽しかった。日本で鬱になっていたのもすっかり治り、新しい環境で前座に戻った気持ちで新しい人生をはじめられる、その喜びで貧乏は全くというと嘘ですが、そんなには気になりませんでした。

はじめは少しずつ大学での公演のお話をいただき、マンハッタンのクリニックの部屋で月１回の独演会も始まりました。なんとか家賃だけは払える、飯さえ食わなければニューヨークに居られる、そんな状況でした。この時に妹や友人に義理の悪い借金もし、古典落語によーく出てくる借金というものの有り難さと情けなさを身に沁みて知りました。少しずつアメリカの生活に慣れ、仕事を広げていこう、そんな最中の2020年3月、コロナが襲ってきました。

3月7日はボストンでハーバード大学の落語研究会のお稽古会と落語会、そして8日はニューヨークのコロンビア大学のおはなし会での落語会の予定でした。

ハーバードへ向かうバスでコロンビア大学の先生からコロナでの中止のメールが来ました。ハーバード大学でのお稽古会は無事に終えましたが、その次の週にニューヨークはロックダウンに入り、地獄の日々がやってきました。

コロナの感染拡大がはじまった当初のニューヨークの病院の混乱、死者の多さと遺体の遺棄場所の無さ、そして終息の見えない感染拡大の絶望は皆さんもニュースでご存知でしょう。僕の住んでいたシェアハウスの他の住人たちはコロナ禍がはじまっても外へ仕事へ出ていました。僕はスペイン語が話せないので彼、彼女たちが何をしているかはわかりませんでしたが、出入りが多い中でのキッチンとバスの共有で、僕はコロナ感染と死ぬかもしれないという覚悟をしました。外は一日中、救急車のサイレン、ネットで見るニュースではニューヨークは死者が他の都市より突出していました。そして毎日、友人の友人や家族が死んでいくポストを見ました。なんてツイテないんだ、移住して半年でこんな状態になるなんて、と思いました。

それでも何とかと思っていましたが、支援者の皆さんからの心配と説得もあり、一旦日本に帰ることになりました。そして日本に帰っていた4カ月で、現在のオンラインでの仕事の原型と若干の借金を作って、ニューヨークへ帰ってきました。


2023年の現在、僕は今、クイーンズ区のフォレストヒルズというところに住んでいます。その前は同じクイーンズでもイーストリバーを挟んでマンハッタンの対岸のアストリアに住んでいました。今は1ベッド1バス、日本でいう1DKのアパートに住んでいます。コロナ禍で作ったオンラインでの仕事のやり方と、インパーソン、すなわち通常通り現地へ行って会場で落語をすることのハイブリッドで生活は落ち着くようになりました。

それは考えに考えて、自分にしかできない独自の方法で落語を広げること、アメリカに住む子どもたち、大人たち、そして日本の子供も含めて落語を楽しく遊びにして教える方法を編み出したことにあります。それは僕の中で熟成した落語への考え、また苦悩したタテ社会のシステム、アメリカで進む保守とリベラルの分断の中で考えた「超リベラルなニューヨークに住む、保守本流で育った噺家」の見出した新しい落語の世界の宣言と体現を、きちんと僕にしかできない仕事として創造し、引き受けたことでもあります。

ここからはその、僕の掲げる「新しい落語の世界」というこの本のタイトルにもある本題に入っていきます。そのために落語の歴史を掘り起こし、落語とは何かを考え、ＲＡＫＵＧＯとして世界標準のエンターテインメントとして広げていく活動をお伝えします。

五　英語でのＲＡＫＵＧＯの世界

Shinigami

There are such people in the world as black market doctors who claim they are medical doctors without a license.
In the Edo era, in the world of rakugo, there were no medical licenses, so anyone could become a doctor as long as they claimed to be a doctor.
Therefore, there were many black doctors.
There is a Japanese joke that goes like this.
And Kakkontou is have been a very popular Chinese medicine.

Next patient, please come in. What's wrong?
Doctor, I have a fever.

That must be cold. Please take a Kakkontou. Next, please come in. What's wrong?
"Doctor, I fell down the stairs and twisted my leg."
That's a sprain. Please take a Kakkontou. Next. What happened?
"Doctor, my left eye is a little blurry, and I can't see very well."
That is an eye disease. Please take a Kakkontou. Next.
I'm here to attend to this patient.
Sound boring, Please take a Kakkontou.

This is a lax medical examination.
If this were in the U.S., it would be different.

Next patient, please come in. What's wrong?
"Doctor, I have a fever."
It's cold. Please smoke some Tylenol. Next patient. What's wrong?
"Doctor, I fell down the stairs and twisted my leg."
That's a sprain. Please take Tylenol. Next. What happened?
Doctor, my left eye is a little bulunny, and I can't see very well.

That's an eye disease. Please take Tylenol. Next.
I'm here to attend to this patient.
Well, I'm sure you're so bored. Please take Tylenol.
There are many dangerous painkillers in the United States nowadays.

“Stop the radio. Unemployment is going up again. President Roosevelt is great now, but the New Deal didn't work.”

“I don't know. I’m not a politician or a scholar.”

“Then what are you?”

“Nothing, I'm just unemployed.”

“If you know what you're doing, why don't you go out and find a job or go somewhere to borrow some money?”

"There are no jobs in this recession, everyone is poor, and no one will lend us money."

"In this situation, much harder to live, and my children and I will starve to death. You told us that if we moved to the U.S., there would be more opportunities so that we would have a better life, so we came to New York like this."

"Times have changed. Stock certificates are worthless. Shoeshiners are shining customers' shoes with trashed stock certificates. The rich are getting richer, and the poor are getting poorer. You have to hate God."

"What are you talking about?"

"Shut up. I'm thinking about what I should do. I'm gonna go. There are so many people on the street. When I look at the skyscrapers like this, I want to get sucked into that skyline and jump off that highest point to suicide. The Empire State Building and the Rockefeller Building? I'd jump off that building, hang myself on a subway elevated platform, or jump off a bridge into the river. The American dream was just a dream. There was so much money in the world, but where did all the money go? My wife is so noisy, my children cry, and money was all that mattered in this world. There is no love—money, money, money. I wanted to die.”

“Let me tell you something.”

“What was that? Who are you?”

A man came out of the side of the building with a black cloak, with a few white hairs on his head and a black cape hanging down the front, with ribs that you could count one by one, wearing skinny, dirty boots and a stick.

“I am Shinigami.”

“Shinigami? What’s that?”

“The Grim Reaper. The god of death. Well, don't be so snarky. I have a lot to discuss with you.”

“I’ll pass. I don't need advice from Shinigami.”

"Hey, hey, wait, wait. It's no use running away. You run on foot. I fly with the wind, so You can't run away. Come on. We've got a lot to talk about."

"What are you talking about? I don't give a damn if you're talking to the Grim Reaper or not."

"Don't call me the grim reaper. Call me Shinigami like that. You and I have a deep connection. You're in financial trouble, aren't you? You have much debt. I'll tell you some good news."

"Good news, what good news?"

"You should be a doctor."

"a doctor?"

"Yes, a black doctor. If a sick person is ill for a long time, there is always Shinigami at his bedside or his feet. The one by his feet, you can save the patient life. If they sit by their head, you're screwed. It has no life. So don't touch Shinigami. So if Shinigami is at their feet, you cast a spell. Once the Shinigami attached to the sick person leaves, they will quickly be cured. You'll be held as a great doctor."

"The spell, what spell?"

"Never tell anyone. A spell. Clap two hands. It's an agreement between the company and the union that if you say this, the Shinigami has to leave the ill person."

"Does shinigami have a union?"

When war breaks out, we get busy. Many Shinigami died in World War I because they worked too much overtime.

"What happens when Shinigami dies?"

"That's none of your business. Well, try the spell I just taught you."

"Uh, I got it. Spell, clank, clank. Oh, Mr. Shinigami. He's gone away. I cast the spell, and he's gone. That's a good lesson."

He will return to his apartment and buy a board from Home Depot with paint. Oh shit, Home Depot doesn't exist in this situation. He bought it somewhere, wrote MEDICAL DOCTOR and my room number on the board, and hung it under the building.

After a while, a man came up to his apartment and said

"Hello. Excuse me. Is the doctor in?"

"Hi, nice to meet you. Doctor? Yes, yes, I am the doctor. Are you a patient?"

"I am not a patient. My grandmother has been ill for a long time and has been examined by many doctors, but she is not getting better. I asked a psychic who is very good at what he does, and he told me that I should ask the doctor whose sign I saw the doctors sign just down the street here."

I just came up because I saw the sign downstairs.

“I got it. Good, I am a doctor. I am a real doctor. Let's see your patient.”

He was brought to the top floor of a large condominium with a doorman at the west upperside in New york. It overlooks Central Park and has a panoramic view of Manhattan. In the room, an old lady was sleeping on her bed. At her feet, he looked closer and found a death god, Shinigami.

“Okay, this is good. You know, this old lady is going to be cured.”

“Doctor, will she be cured?”

“Well, you'll see.”

With a clap of the hands, Shinigami quickly left the bedside, and the sick lady, who had moaned and groaned, got up.

“Oh, dear, I feel so much better.”

“You're feeling better. I’m so happy.”

“Oh, it's you. Thank you, but I'm sorry, but you would have had money if I died.”

“Granma, don't joke like that. I‘d cried on your right. Anyway, thank you, doctor.”

“What kind of say? It’s a piece of cake. I’m a genius.”

“I feel so hungry.”

“Doctor, what should I give her to eat? Chinese porridge or something?”

“Oh, anything. Popeye's chicken, 5guys Hamberger, Peter Luger steak.”

“What's that?”

“Oh, this was a futuristic fiction story. She can eat anything now. Anything is fine.”

Now, this rumor has spread in new york, and it is soon reputed that the doctor can cure any seriously ill person. Patients came one after another, and this man made a fortune. Regardless of the recession, the fake doctor became very rich. Then life changes. He rents a penthouse in Manhattan and feels his wife and children are noisy, so he gives them money to get rid of them. Even if his wife takes him a regal action like Amber Heard, there are no surveillance cameras these days.

So he had a young girlfriend to live with him. He had relationships with many women at random, like Elon Musk.

The woman, blinded by money, is spoiled.

“I want to go to Paris, France. Now, you know, all the rich young American girls are in Paris.”

“Ok, I'll go to France with you.”

However, money is gone when we spend it. The time is in the middle of a recession. Patients stop coming as before. When the money is gone, the women are also gone. No money, no work. Shinigami is at my bedside when he sees the occasional patient. So now he is in trouble. He can't pay this month's rent.

At that moment, a man in a clean suit came and said,

"There is a man I'd like you to see, doctor. I cannot tell you his name, but he is one of the richest men in the world. There are many buildings in Manhattan with his name on them. He has also built a medical college and is treated with the most advanced medicine in his laboratory there, but he is not cured. He is dying. I'd really like you to help him."

"What's the reward?"

"A million dollars."

"Okay, let's go."

He is driven to 49th Street.

He is blindfolded and taken to a room where an older man, who must be over 90 years old, is lying on a bed.

Unfortunately, Shinigami is at his bedside.

"I'm sorry, but he can't be cured."

“Doctor, do something about that.”

“Impossible. He will die soon.”

“Doctor, if you could extend his life even a few more months, I’ll give you ten million dollars.”

“Ten million dollars.”

“10 million.”

“All right, so bring four big people and put them at the four corners of his bed. Then, when I raise my hand, they turn the bed north and south upside down, do it quickly.”

“Okay, I'll bring the WWF leaders.”

Maybe he’s not gonna say that, anyway, four big men will be placed in the four corners.
When Shinigami has dozed off with a corkscrew, he raises his hand and casts a spell.

"Spell."

Clap his hands, and the Shinigami is gone away. The older man in the bed got up.

"Ha, feels good. The fog in my head seems to have cleared. To celebrate my good health, let's lower the price of gasoline. That will please all American people."

From now on, Macy's will have fireworks for his long life. There's going to be a parade on 5th Avenue, "Oh, that old man was a real celebrity man," this fake doctor walked by 5th ave. From the shadows of the building,

"You are such an idiot."

"Ha, I was surprised. Who are you?"

"Don't you remember me?"

"Oh, you're Shinigami."

"You're looking so good."

"Heh heh heh, thanks to you. I saved a wealthy older man's life."

"What have you done, such an idiot? The older man had his Shinigami at his bedside."

"I used my genius. I did it right."

"Fuck. The Shinigami he's in the minor leagues because of you."

"Shinigami in the minor leagues?"

"The Shinigami is of the subway rats."

"He's a dirty Shinigami."

"That is what I am."

"What?"

"I am Shinigami of the subway rats. Now I'm chasing rats in a smelly subway like Tom and Jerry."

"Well, that's a tough one, ha-ha-ha."

"Don't be laughing. It's no laughing matter. You've done a terrible thing. Come here a minute."

"What are you doing? Where are you going?"

"Hang on to this stick. Come here."

"What are we going into this dirty basement? Stop, stop. I have money. I'm not taking the subway. I'm taking the car."

"Shut up. Come here."

"It's very dark, but many candles are by the stairs. What is this big room? There are candles all over the wall."

"Each candle represents man's life. All these candles are for a man's life."

"A human life. I have heard that a candle's flame is like a person's lifespan. A long, thick candle here is burning very, very brightly."

"That's your son's candle."

"The candle beside this one burns very fast and thick, swallowing around it."

"That's your ex-wife."

"She's a bastard, swallowing people's lifespans and trying to live longer. It's a good thing I left her. There are two in a row over here, a short one and a long one. The short one is about to disappear."

"The short one is yours. The long one belongs to John Rockefeller."

"What do you mean?"

"You sold your life to John Rockefeller. Look at him. He's on fire. You're dying. It's a reflection of the world. The rich get richer, and the poor get poorer. In this world, life can be bought with money."

"Hey, Shinigami, I don't want to die, so, you said, I'll pay back the money for him. So please change my candle and his candle again, and I'll give you some money too."

"No, you're going to die."

"Please, I'll give you the money. You know, life can be changed with cash. I'm sorry. Give me a second chance."

"A second chance. Ha ha ha, here in America. So I'll give you a second chance."

“Thank you, Mr.Shinigami. So what should I do?”

First, put out the older man’s long candle once, and he will die. Next, put your short candle on the long candle, and you will have your original lifespan again.

“All right, John Rockefeller, I'm sorry, ぺー. I guess I'll have to light it now.”

“Hmmm, hey, guy, if your hands shake so much, you'll shut off your fire.”

Please be quiet for a second. I'm too nervous about doing it right.

“Hey, if you shake your fingers like that, it'll go out. It'll go out.”

“please be quiet. Oh, oh, oh, oh, it's on. My life starts to fire again. I'm here. This is America. Now I'm changing my life, going to work hard and get the big American dream. I’m happy, hoooo.”

[With a relieved breath, the candle goes out, and he dies.]

また英文が出てきて頭がくらくらしている方もいるでしょう。これは僕が翻案し、英語で書いたShinigamiです。英文は僕が訳した物を落語に詳しい日本人の学者さん(吉本郁氏)とニューヨークのネイティブの役者さんに直して録音していただいて、日本とアメリカで演じているものです。この死神ならぬShinigamiを例に僕がアメリカでやっているRAKUGOの世界を紹介したいと思います。

僕は英語でRAKUGOをする時に3つのパターンを使います。

まずはじめは僕以外の噺家がするように。古典落語を時代も人物も変えずに英語に変えて演じるやり方です。

僕は「ちりとてちん」をこの形で作りました。登場人物の名前は金さんだったり六さんそのままですし、内容も五代目小さんがやった内容をほぼ英語に変えたものです。今「英語落語」として披露される物はほぼ全てこの形なのではないでしょうか。僕はこのほぼ英訳での形は使っていません。僕でなくてもできるからです。

次が「I Love Ramen」という完全に新作です。この作品はボストン(正確にいうとケンブリッジ市)で作りました。ボストン市内やハーバード大学、タフツ大学(村上春樹さんが大学院でゼミを持っていましたね)のあるボストン市からはチャールズ川の対岸のケンブリッジ市を回っている時に、山頭火や夢を語れとなどのラーメン屋に行った経験から英語での新作を思いつき、古典落語の「長短」を少し意識した上で、日本人とアメリカに住む人のラーメンの食べ方の違いを文化比較の観点から書きました。

この演目は日本でもアメリカでも何度か演じていて、日本語で新作をやる以上に新しい試みだと思いますが、今後の海外での活動を考えると一番可能性を感じています。ご当地の芸人が上下を振るＲＡＫＵＧＯのスタイルで新しい物語を作っていく道筋になっていけば落語、ＲＡＫＵＧＯの演者、観客の裾野が広がるのではないかと思っています。

また僕自身の表現としては、古典落語では収まりきらない、掬いきれない人情、また現代の新しい物語を作りたいという創作欲から来ています。

そして３つ目が最初にセブ島で英語で落語をするときに考え作った翻案の手法です。これは冒頭のShinigamiやThe Zoo(動物園)が当てはまり、現在まで数百回と演じてきた一番の主力です。冒頭に台本を載せたShinigamiの制作方法を見ていきましょう。

死神は皆さんご存知のように明治期に三遊亭圓朝師匠が海外から翻案しました。イタリアのオペラからだという人もいますが、グリム童話から取られた説が正しいようです。いずれにせよ翻案というのは、時代も場所も人物設定も全て作者の住んでいる環境、すなわち観客と演者の都合の良いように変えてしまうわけです。僕はこのShinigamiは時代を１９２９年より少し後に設定し、現代より90年くらい前にしました。この時間設定の移動には、落語とはなにか、という僕の考えが反映しています。それは時間設定を移動する、現在に置かないことで普遍化するという、現在の古典落語に起こっている現象をアメリカでも使うためです。

第一章の「落語のこれまで」で見たように、古典落語は時代、時代によって演者、観客がライブするのに合わせて工夫をし、共感を得るように変え、発展し、また演目やセリフは淘汰されてきました。その過程で時代を超えて演目、セリフ、設定が残り、普遍性が増してきたのです。「変わらぬ人情」というのは、要は人情が抽象化され汎用性を持ったもの、つまりは江戸から令和にかけての日本だけでなく、世界中で変わらないのではないか、そう考えたのです。

そして、現代で洋服を着て車に乗っている私たちが江戸や明治を舞台にしている落語に共鳴するのは実際のライフスタイルではなくて(趣味で火鉢がいいなあとかの江戸趣味はあるでしょうが)、基本的には「変わらぬ人情」、つまりは普遍的な親子や夫婦、友人関係などの抽象化されたものでしょう。その設定として過ぎ去ってしまった過去を舞台にするのは、人情やプロットを保存するにはもってこいなのです。それは現在だと流れが早すぎて古いと感じる回転が速い(映画やドラマでも携帯電話の機種や走っている車に時代と古さを感じて、テーマから気がそれます)ので、いっそ変わらない過去に設定した方が描きたい心の動きにスポットを当て続けられます。落語は扇子と手拭いしか使わないことで、観客の想像力に頼るという抽象化には持ってこいの設定もしているわけです。

死神を普遍化するために僕は死神の要素を抜き出しました。「失業」にまつわるお金のこと、「人の寿命」を人間が扱うこと、「死神」という得体の知れない生き物、まずはこの3つを考えました。そして時代を移す、舞台はアメリカで(日本でやる時の設定は場所は日本で時代は着物を着る人が出るや江戸っぽい設定で演じられていますね)、失業者の多い不況の時、それをまず考えました。

ですので、1929年の世界大恐慌で舞台となるニューヨークでは失業者が溢れている設定が必要でしたし、億万長者も登場できるので、この時代背景にしました。舞台と時代はどの国、都市、地域でも出来るように考えました。今回は僕がニューヨーク在住で土地や道がわかるのと、世界恐慌は資料が多く歴史的に設定しやすかったのが理由ですが、基本的にはその土地に合わせて時代、舞台になる都市、呪文での遊びは出来、観客に合わせて変えられるでしょう。

僕が世界大恐慌の1929年直後に時代設定をしたのは、第一次世界大戦後のアメリカの好景気と大不況は欧州との大きな繋がりの中で起こっているため、共感する観客が多く普遍化しやすい、また世界史の中でも大きく取り上げられるので、この時代は歴史的にも価値があること、そして、未曾有の好景気は格差社会を産み、貧富の差が異常に広いというのは現代的にも、これからの社会にも通用するのではないかと考えたからです。

ですので、このShinigamiの台本を作るに際してはまず図書館に行って、1929年の大恐慌の歴史的な背景を学び、検討し、実際の映像をネットでたくさん見て、古典になっている死神のプロットをどう翻案していくかを考えました。また落語「死神」についての研究書にも多くあたり、死神という翻案されたものを、もう一度翻案して海外にＲＡＫＵＧＯとして持ち出す意味と正当性を確かめました。その上で笑いを多くするために呪文は現代的に時事的に若者にもウケるように工夫しました。

結果、下北沢の北沢タウンホールでの初演を終えて、アメリカ各所で演じていますが、終演後は学生が質問やサインと共にShinigamiを観て落語に興味がある、噺家に真剣になりたいというふうに言ってくれるようになりました。

このような作品を通して本当に海外で噺家になる人間はいるのか、また日本以外で噺家の修業、教育はできるのか、次は僕のアメリカでの後進の育成についてお話をいたします。

六　RAKUGO Association of America 設立

アメリカに移住した当初より全米落語協会の設立を宣言し、動いてきました。２０２１年に「RAKUGO Association of America」として設立した団体の経緯からお話いたしましょう。

２０２１年５月３日、僕が師匠に入門した日と同じ日にニューヨーク州の法人Incとして RAKUGO Association of America.inc は登録されました。この名前は日本語訳として「全米落語協会」とするのを想定して、いわば英訳して登録名にしました。

ニューヨーク州で非営利団体のＮＰＯにするためには初め会社組織にして実績を作ってからの申請となるため、米国公認会計士のＣＦＯ、最高財務責任者ＣＯＯが書類を作りました。僕は世間様には代表と言っていますが、書類上はＣＥＯ、最高経営責任者になっています。他にもＣＯＯ（最高業務執行責任者）ほか計６人の取締役から構成されています。そのことをツイートすると何千何万のいいね、リツイートがあり、いわゆるバズった状態になり、スポーツ新聞、Yahoo! ニュースになりましたので、ご存知の方も多いかも知れません。

ところが困ったことが起きました。このニュースを見た落語協会の理事が、落語協会の会員である僕が「落語協会」の文字が入った団体を作るのは落語協会に迷惑ではないかと言ったようで、そのことが落語協会事務局から僕の師匠、権太楼に連絡がいき、僕にはおかみさんを通して師匠から「落語協会」の文字は使ってはいけないと言われました。納得がいきませんでしたが、ご存知の通り、落語界は師匠の言うことは真打ちになろうが絶対です。「全米落語協会」は通常の日本語訳で「落語協会」は登録商標などではありませんが、使えなくなりました。

そこで、取締役会で決めたのが日本語訳は使わずにＲＡＡと頭文字を取って使うということでした。その後２０２２年に入ってから落語協会でパワハラ事件をきっかけにできた相談窓口を通じて、「全米落語協会」の名称の使用不可の経緯について問い合わせたところ、（一社）落語協会と関係のない団体とわかるようにすれば使用しても構わないという回答を得ましたが、弟子として師匠にこの旨を述べる機会がなく、いま現在はＲＡＡ を使用しています。

このように、落語界というのは、法律とか権利というものよりは、師匠や落語協会の意見が全てです。今の時代に合う、合わないというよりも、そういうものだというのが暗黙の了解になっています。そこが綻びはじめて、師匠と落語協会を相手取った裁判をする弟子(元弟子)が現れたのでしょう。

それではRAAとはどういった団体でしょうか。

これまでの章でも修業や様々な落語界の風習を書いてきましたが、その良し悪しを考えて、RAAでは『新しい落語の世界』を作っています。その最もなキャッチフレーズを僕は「超ヨコ社会」と表現しています。

これは「超タテ社会」の落語界を意識してのものですが、これはアメリカをはじめ、世界で落語を広げていく活動にはタテの繋がり以上にヨコの繋がりを強く作って「落語の輪」を大きくしていくことが大事で、そこには日本の落語界のような師弟関係を元にしたプロ、アマの線引きや、寄席に出られる出られないという権利等は必要ないと考えるからです。

厳しい師弟関係がないところでないと噺家は育たない、売れっ子、名人は出ないという考え方に対するアメリカからのアンチテーゼを提示しています。その理由を見ていきましょう。

まず師匠に入門し、修業をする理由です。

噺家の修業でも書きましたが、プロの噺家と言われるためには、プロの師匠に入門しなければなりません。いくら落語でお金を稼ぎ、豊かな生活をしていようがプロに入門し、名前をもらわないことにはプロと見做さないのが日本の落語界のルールです。

以前にプロでない方がプロでも取るのが難しい文化庁芸術祭の優秀賞を取りましたが、落語界はプロとは認めませんし、取り合いません。プロ（もちろん落語協会や落語芸術協会のベテラン、理事も参加するコンテスト）が参加し、落語以外の大衆芸能が参加して、文化庁の審査員に認められても寄席や落語の歴史には残りません。

その方は後にプロの身内になることでプロになったようですが、それでしたら、プロの噺家の修業とはなんでしょうか。


一門や師匠の考え方で噺家の修業は全く異なります。寄席で修業するかどうかでも変わってきます。もうその偏差があるということ自体で噺家の修業という確かなものは無いのですが、相対的な印象としては「噺家の修業」という像があるでしょう。

僕の例は前章で書きましたが、ここでは新しい落語界で、僕はどうしているか、いきたいかを書いていきます。

七　新しい教授法

プロと素人の違いはプロに入門して名前をもらうかどうか、そして僕の所属する落語協会ではお席亭と理事会に認められて、前座、二ツ目、真打ちと昇進するかどうかにあります。

東京の落語界では前座、二ツ目、真打ちという身分制度があり、団体によって昇進基準は違いますが、身分制度がある点においては一緒です。それは立川流も円楽党も落語協会からの派生ですので当たり前でしょう。そのことについては落語協会分裂騒動に関して調べていただくとよくわかります。

上方落語界はおおよそ3年の修業期間の年が明けると独り立ちします。その後に東京のような階級は存在しません。

東京ですと真打ちになった途端に「師匠」と呼ばれるようになりますが、上方落語界は東京の噺家の同じくらいの年季の人が真打ちになったり、NHKのコンテストの対象の芸歴を過ぎたり、弟子を取ったり、名前を襲名したり、風格によって「師匠」と呼ばれるようになるようですが、明確な基準を聞いたことはありません。

ではアメリカではどのように後進を育てていくのでしょうか。

現在はオンラインでのグループクラスと個人のクラスで行っていて、これは僕が編み出した新しい手法での落語教育になっています。そして今現在の僕の中ではまず、プロとアマの線引きすらアメリカではいらないと考えています。それは今のところ寄席を中心とした仲間内の親睦関係も無いですし、寄席が無い以上、今後、RAAが落語協会のようになる必要がないからです。

とにかく落語の演者、ファンを増やしていくことを目的に、また落語を通して日本の文化や日本語を正しく広げて伝えていくことを目的としています。いわば、プロ（具体的には落語で生計を立てよう、落語に生涯をかけようと志す者）を作る前段階の下地を作っています。

僕の考えた手法で効果的に、かつ個性を活かすやり方で、子供や大人が一緒になって落語で遊ぶ「らくご de あそぼ」という手法です。この手法で育った演者が将来、プロ・アマの垣根を越えて、世界で活躍する「ＲＡＫＵＧＯＫＡ」に成長するかの壮大な挑戦です。

まず「らくご de あそぼ」は通常通りに一人で演じる「ひとり de らくご」と複数人で朗読や演劇のように役を分けて振って（一人が一役とは限らない）やる「みんな de らくご」のふた通りあります。どの手法でやる時もオンラインでやります。

その理由は Zoom の録画機能とグループクラスではブレイクアウトルームを使った瞬時のグループ分けを利用するからです。そして参加する可愛いお弟子さんは大人も子供もアメリカ各州を中心にフランス、日本と居て、場所に囚われずに落語で遊べる環境を設計するためです。また画面の共有を使って資料や動画の共有もできますので、複数人で落語を喋る聞く上での背景にある知識の共有も安易にできます。

そして現在の子供たちの習い事は落語だけでなく、アメリカの子は補習校もある。その忙しい中で自宅や移動の車の中で携帯やタブレット、パソコンでさっと入って落語を気軽にすることで、落語に対する敷居を下げています。これまでの落語の稽古は畳の座敷で教える師匠と教わる弟子が一対一で対面でしたが、「らくご de あそぼ」では大勢でオンラインというのが特徴です。

そして落語にテキストはありませんが、僕は台本と参考にする動画、音源を YouTube にアップして、教材として提供しています。しかしこの参考の台本、動画はあくまで参考で最初の段階では正しい読み方、発音ができるように指導しますが、その後の演習では自由に変えて良いことにしています。「みんな de」している時は相手がセリフを言いやすいように、投げかけるセリフは変えないように指導しています。

具体的に見ていきましょう。まずはテキストを落語を本番で演じる半分くらいの感じ(役に少し入って感情移入し、残りの半分は解説をする感じ)にし、役柄の表情や特徴を出しつつ、標準語でのアクセント、落語ならではの江戸口調で読みながら、出てくる言葉の意味や背景を説明します。

例えばバカの兄弟の小噺で「お節句」が出てきたら一年のお節句がいつか、どういうお節句かを説明し、画面共有で女の子のお節句や男の子のお節句、ついでに七草や七夕、菊の節句の話をします。そうすることで、だいたい2カ月に1回来るお節句のたびに、話題が出来、アメリカにいようがどこにいようが日本の行事を感じることができます。逆にクリスマスやサンクスギビングは気を遣います。それは可愛いお弟子さん全てがキリスト教徒や日本のように無宗教的にお祝いするわけではなく、きちんと自分の信じる宗教があり、クリスマスは関係ない人もいるからです。そういった意味で落語の中にある宗教の要素があるものも気にして、こういう仏教の文化であると説明が必要になります。

そのように僕が手本を示したクラスの模様も、クラスでみんなで演じたことも、すべてのクラスを録画して、参加者だけが見られる設定でYoutubeにすべてアーカイブしています。ですのでこのオンラインクラスは2年近く続いていますが、子供たちの体の成長も落語の成長も一週間単位で見られます。それは子供だけでなく、僕の髪型や体重の変化もわかります。大人のクラスも遅れて1年ちょっと前にできましたが、みなさんの上達やクラスの雰囲気が明るく賑やかになっていくのが1週間単位で全て記録されているのです。

これまでの落語の稽古は、三べん稽古の場合は録音すら許されず、口承によって受け継がれてきたのが伝統とされてきました。それが私の手法は、テキストはあるは動画・音声はあるは、稽古は録画してアーカイブするは、と全く違います。そして何より一対一ではありません。

そんなんで落語がわかるかい、と思う方もいらっしゃるでしょう。それに対して僕は、このように答えます。落語の変遷と一緒で、落語の稽古も変わる、と。

現在でも落語界には数人で稽古を教わりに行くことがあります。うちの師匠も火焔太鼓は先代の柳朝師匠から合同稽古で教わったということで、志ん朝師匠がご存命の頃から高座にかけていました。合同稽古はありです。また現在はほとんどの師匠が稽古の録音を許可し、3回はしません。1

回、1席やってくださり録音も許可される。録音もありです。そして録音したものをノートに書き起こします。紙にセリフを書き起こすのもありです。また稽古はしないで自分で録音したテープをくださる師匠もいます。対面以外の通信教育もありです。

この前提の中で、大勢でのオンラインという通信でのテキストを元にしたお稽古は十分に認められることになります。そして何より強いのが、オンラインの手軽さから毎週1時間はみんなで落語をできるということです。

子供にとっても大人にとっても毎週1時間落語を喋る機会があるというのは、落語を知り、楽しみ、落語も日本語にも詳しくなる大変貴重な機会です。皆様も何かを1週間に1回1時間、プロに教わってみるとわかるかもしれません。

今僕の作った「ざぶとん亭」という落語の一門で「ざぶとん亭〇〇」と芸名を持つ人は80人以上いて、35人が毎週1時間、個人またはグループで落語を演じています。4歳の子から70歳の大学教授まで発表会をオンラインですると5時間以上かかります。

そして口コミで毎月のように参加者が増えています。僕の落語会や地域の落語会で前座として落語を披露し、益々落語の世界へ足を踏み込んでいる可愛いお弟子さんも増えてきています。

僕としては子供たちの中から、噺家のプロになりたいという人が出てきてもらいたいですし、また出てきた時にもう一度、プロの噺家の修業を考えなければならない時になるでしょう。あるいはその子は日本で噺家になりたいかもしれないし、実際に今5人ほどの日本のクラスもあります。アメリカ、日本に住む毎週1時間は落語を演じるという言わば落語の英才教育をしている子供たちが将来どうなるか非常に楽しみです。

第三章　これまでのコラム

（1）アメリカに落語の花を咲かせましょう

はじめまして、落語家の三代目柳家東三楼です。
さくらラジオで「三代目柳家東三楼のアメリカよもやま噺」のパーソナリティーを毎週務めていますので、ご存知の方もいらっしゃるかもしれません。普段は三代目は付けませんし、柳家とも名乗っていません。世間の皆さまは東三楼師匠と呼んでくださいますが、気軽に「ざぶちゃん」でお願いいいたします。

今回から基本、月に3回、こちらNYジャピオンでエッセーを連載させていただきます。どうぞ遊び気分で楽しく読んでいただけますと幸甚です。

一念発起のニューヨーク

僕は日本で20年ちょっと噺家として活動し、古典落語を中心に演じ、生活の糧を得て生きておりました。２０１４年3月に社団法人落語協会に認められ、真打ちに昇進し、「三代目柳家東三楼」を襲名しました、というのが僕のごく大雑把な半生でございますが、残りの半生はアメリカで生きていこうと２０１９年夏にニューヨークにアーティストＶＩＳＡを取得し、移住して来ました。

これまで日本語でしかも江戸時代の噺を扱う関係で、英語は一言たりとも喋ることが許されない日本の伝統芸能の世界に住んでおりましたが、一念発起し、40歳を過ぎて英語の読み書き、聞き喋りをしているうちに英語でＲＡＫＵＧＯをしたくなり、フィリピンを皮切りにトロント、ニューヨークで20公演ほどしたのが２０１８年の初頭でした。

公演が休みの日に紀伊國屋書店を出たあと見上げたブライアントパークからの摩天楼。冬の冷たい空気に澄んだ空、そびえ立つ摩天楼とマンハッタンの喧騒。僕は立ち止まって、目を閉じた途端に晴れ渡った空から稲妻に打たれたように脳天に直感が、「ああ、僕はこの街に住むんだ」と鳥肌とともに、全身に震えと確信が走り渡りました。

僕は直感に従います。この強烈な直感は二度目で、一度目は師匠権太楼に入門を決めた時で、２０２1年に一度、人生を変える雷が落ちるようです。次の雷は想像もできませんが、そういう訳で僕はニューヨークに移住してきたのでありました。

落語は人生のさまざまな場面を描いております。時代が江戸や明治・大正ということで人と人との触れ合い、争い、恋ゴコロなどを抽象化して人情の機微として捉え、現代社会にフィードバックできます。４００年という時間の中で名人上手と言われた噺家、または名前の残らなかった先人によって洗練、淘汰され、現代のわれわれをもってしてもお客さまに感動していただけるのは、古典落語と言われる所以かと思っています。

RAKUGOとは

アメリカを中心に活動している現在、僕は３つのパターンで落語をＲＡＫＵＧＯとして英語で公演しています。１つは古典落語をプロットだけ残して、人物や状況、セリフは翻案し、現代のアメリカの物語として演じるものです。登場人物は、ジョンやスティーブンといった面々です。

２つ目は古典をアメリカでも分かりやすいように少し直して、古典を古典のまま英訳して演じるものです。日本の文化をＲＡＫＵＧＯを通して知っていただけるように、多少難しいことも残し、人物名も日本人です。

最後３つ目は、完全な新作落語で新しい物語を英語で書いています。現代のアメリカを含む世界で起こりうる出来事を笑いとしてコメディーにしています。

英訳は友人やプロに手伝っていただいておりますが、喋りやすい呼吸や間は演者にしか分からないので、少しずつ自分でも手を加えています。

僕の人生の使命は「落語をＲＡＫＵＧＯへ」世界中に広げていくことだと考え、感じ、生きています。今進行中の全米50州ツアーも達成を目指し、現在はオンライン50州ツアーも敢行中です。

（2） 疝気の虫

皆さん、こんにちは、柳家東三楼です。今回は「疝気の虫」を取り上げたいと思います。

「悋気《りんき》は女の慎むところ疝気《せんき》は男の苦しむところなんてえことを申しまして」われわれ噺家は疝気の虫の枕でそう言います。悋気は嫉妬ですが、疝気は胆石や尿道炎、睾丸炎などの病気で、それを虫に例えたわけです。

医者がある日、見かけない虫を見て殺そうとすると、その虫が命乞いをします。虫なのに喋れるのかと話を聞くと、そばが好物で唐辛子が大嫌いだと言う。それは医者の夢であったが、疝気で苦しむ患者にそばや唐辛子を使って治療を試みると、てえのが噺の筋なわけですが、おしまいは実際聴いていただくとオチで「ああ、落語だなあ」と体験できる最も落語らしい演目です。

虫もウイルスも生きる共存体

人はよく腹の虫とか虫の居所が悪いといった表現をします。優れないことを虫のせいだと抽象化したわけです。体の病気、心の病気、一緒くたにして虫にしてしまう大らかさ、ユニークさを感じますし、落語では実際に喋る生き物として登場させて、虫との攻防を笑いの中で表現する。それは病気も生きている共存体としてのまなざしを感じ、一寸の虫にも五分の魂を与えた日本人の豊かさを感じます。

現代の医学では病気を敵と捉えて、合理的に撲滅させようとします。そしてそのおかげで私たちは健康で長い寿命を得ることができました。素晴らしいことです。

一方、病は気からと言う考えも洋の東西、昔からあります。Fancy may kill or cure. 生きるも死ぬも考え方次第。同じ体の状態でも、人の心の働き、考え方で病気にも健康にもなるということでしょう。

現在世界にまん延しているウイルスが生物であるか無生物であるかは生物学者の福岡伸一先生のベストセラーに詳しいですが、人と人を介して動き回る奴らとして考えると、噺家である私は疝気の虫を思い浮かべてしまいます。ウイルスだって生きてるんだと。立川談志師匠ががんを患った時も、「がんもばかじゃねえんだから、主人が死ねば、自分も死ぬくらいのこと考えるだろう」と仰ってました。実に噺家ですね。

笑いで心の栄養を

笑うと免疫がつくと言うのは世界中の研究で証明されていて、検索するとたくさん出てきます。笑うと単純に朗らかになりますし、この噺もそうですが物語や文脈の構造に仕掛けがあり、ハッとすることで目や心が開かれたような体験をします。これこそ気から来る病も防ぎ、免疫力も上げてウイルスや病気に抵抗力を持つことができる安上がりで楽しい健康法であるように思えます。

今世界中を苦しませているウイルスを肯定することはできませんが、奴らも必死に生きているのは理解しないといけないようにも感じます。落語の疝気の虫は実にかわいらしい奴らです。なんとか人間と共存しようとしています。さまざまな報道ではこの悲劇はいま少し続くと言っていますし、インフルエンザは変体を続け、生き延びようとします。その事実の中で科学や専門家に祈るようにお願いするしかありませんが、日常では病気の存在も受け入れて、喜劇的に見ることで精神から病状が重くなってしまわないように予防、治癒することも必要に感じます。

皆さん、ぜひ疝気の虫を一度聴いてみてください。私のオススメは先代の柳家東三楼でありますし昭和の名人・古今亭志ん生師匠、そして私の師匠、柳家権太楼です。うちの師匠の疝気の虫は現在、一番面白いです。鳴り物も入り、虫の表現もこれぞ師匠！　という最高傑作です。ぜひ落語で心の栄養を取ってください。

（3）　長屋の花見

日本人が花見という時は必ず「桜」を見るという暗黙のルールがありますね。ネモフィラでもチューリップでも紫陽花でも良さそうですが、桜、しかもソメイヨシノにだけは特別の思いがあり、桜を除いて「花見」とは言いません。そして「花見」という言葉には「見る」以上に「屋外で」

「木の下で」「酒を飲む」という意味も存分に含まれているように感じます。

友人はたいがい「花見に行こうよ」とは言わず「花見しようよ」と言います。そう、日本人は「ググる」など名詞を動詞化するように、「花見する」という動詞を生み、みんなでワイワイと酒席を催して仲を深めるアクティビティーにしています。桜の季節が日本では新年度の幕開けにあたり、新しい人間関係を作ろうというのにぴったりだからかもしれません。

今では会社の先輩や上司が新入社員に場所取りをさせるのはパワハラに当たるかもしれませんし、そういう会社内の親睦会はうっとうしいと思う人も多いでしょう。僕もお酒を飲むのも桜を見るのも好きですが、なぜか「花見」は好きになれません。

理由をよく考えてみると、まずは「花冷え」があるように思います。少し暖かくなって、外に出よう、花見しようという頃にちょうど寒さがぶり返して、寒さに震えながら桜を見て、冷たいビールを飲んだ経験がある人は僕以外にもいらっしゃるでしょう。それと、花見で有名なスポットは人出が多く、宴会がそこかしこで行われていて、せっかくの美しい花が、酔った人々の声やどうかするとカラオケの設備まで持ち込んでいて、奇麗な雰囲気が台無しになっているからでしょう。

鮮度が命の演目

僕が生まれ育った東京の東の下町、桜を見る時には上野公園は一番有名で人出がありました。落語の「長屋の花見」の舞台にもなっており、ずいぶん昔から名所だったようです。

上野近辺の貧乏長屋の住人に大家さんが声をかけて花見に行く、そんな春の一瞬を切り取ったこの噺は、地味ではあるものの実に落語らしい発想で成り立っていて、3月を迎えると噺家は寄席でこぞって高座にかけ出し、桜の季節が終わる少し前になると「もう花見って感じじゃないなあ」と早々に演目のリストから外そうとします。呼ばれて行く営業の落語会やホール落語会では4月中はやるものの、5月になるとパタッとかからなくなる、鮮度が命の噺です。

父との思い出

子供のころに、世間で花見の声が聞こえてきてうれしかったのは、普段は夜に遊び歩いて帰宅の遅い父が早く帰ってきて、浅草の隅田川沿いに夜桜を見に連れて行ってくれたことです。父は浅草が好きだったようで、夜桜や浅草寺のほおずき市の時は必ず夜に家族で行く、と決めていたようです。祖父の生まれが対岸の向島で、浅草で仕事をしていたので、父も同じように祖父との楽しい記憶があったのかもしれません。僕の浅草での真打ち披露でも浅草演芸ホールの客席で泣いていました。

名前や店名が筆で書かれたちょうちんの薄い灯が照らす桜の美しさは、大人の世界をのぞいているようでした。僕はワクワクしながら顔を上げて桜を見ては、周りのカップルが寄り添ったり、何かをささやいたりしているのを恥ずかしい気持ちを抑えながら楽しみました。

浅草の墨堤は「子別れ」の回でも書きますが、下町生まれ、下町育ち、そして噺家になった僕にはたくさんの思い出があります。

こうしてニューヨークに移住して桜をセントラルパークやアメリカ各地で見るようになって、僕の「花見」の記憶は塗り替えられていきます。そして、家族以外の女性と夜桜に行くようになってしまった父の思い出も、土地と時代が変わって、そして夜桜の美しさのおかげで、なんだか脳が良かった思い出に変えつつあるようにも思える春です。

（4） 猫の皿

旅先でふと立ち寄った峠の茶屋。主人の出してくれた麦湯を飲みながら世間話をしている古物商の男。今回の旅ではいい掘り出し物が見つからなかった。残念な思いで江戸へ帰ろうと愚痴っている、その目線が猫の食べているおまんまの皿へ。なんとそれは絵高麗《えごうらい》の見事な茶碗。いい物見いつけた、と店主に猫をもらう話を持ちかけて、猫を出しに皿を手に入れ大もうけ、となれば落語にはなりませんで、その結びは、ぜひ皆さん聞いてみてください。

安く買って高く売る

ちょくちょくさまざまな大学からオープン講座や日本語の授業の一環で公演をご依頼いただいております。日本語の教科書に紹介されていることもあり「猫の皿」をパワーポイントで英字幕を出しつつ演じます。古物商は、噺の中では端師と呼ばれていますが、地方で掘り出し物を見つけては江戸に持ち帰り、高く売り払うという商売です。これは足を使って良い品を探し、さまざまな独自情報を得て、交渉に挑む、なかなか面白い商売ですね。商売の基本、安く買って高く売る、お金儲けの原型が見られます。

今はネットでの情報が溢れ、オークションやECも進んでいますので、掘り出し物は以前よりは見つけにくいかもしれませんが、ビンテージの車やレコード、ギターなどの楽器など、アメリカのそこかしこにお宝が眠っているようにも感じ、ついつい他人の所有物をジロジロと見てしまいます。

日本で出会ったバックパッカーのドイツ人青年は、世界一周の旅の途中でした。その彼が資金を捻出した方法がなんと、猫の皿方式でした。というのも、彼がネットサーフィンをしていた時のこと、彼は南米で古いモデルでドイツではビンテージで高値で取引されているフォルクスワーゲンを発見します。そして彼はすぐさま飛行機で現地に飛び車体を見つけ出し、安く交渉し、ドイツで売り、５００万円近い利益を得て世界一周の旅に出ているとのことでした。夢というか希望のある話ですし、彼の行動力に脱帽です。ニューヨークで時々見かけるボロボロの車もひょっとしたら、と思ってしまいます。

掘り出し物を見つける楽しみ

僕がアメリカに住んで楽しいな、と感じるのは散歩をしている時に大きな家の前に置いてあるフリースタッフを見るときです。ガレージの前に大きな籠やらに本やら服やら、椅子やらテーブルといった家具や電気機器が無料で置いてありますね。先日もついつい立ち止まり見ていると、なんと素敵なシャンデリア風の卓上ライトがありました。電球が三つあり、これは3つのうち1つか2つはつかないから出してあるんだろうな、でも2つついたら明るくてリビングに良いかも、と持ち帰りました。

白昼、シャンデリアを持って歩く不思議な気持ちも抱えながら帰宅し、コードをさしてみると案の定2つしかつきません。そこで電球を入れ替えてみると全部のソケットは機能しているのがわかりました。そこで近所の雑貨で同じ大きさの電球を3つ買い付け替えて、雑巾と綿棒で隅々まで掃除しました。

終わってみるとどうでしょう。見違えるようにキラキラと光を放ち、アンティークなライトに変身したではありませんか。ところどころビーズが欠けているのはご愛嬌で、暗い部屋でぼんやりと雰囲気を楽しむ分には問題ありません。ソファのそばで読書灯としてもいけます。「これはひょっとしたら売れるのでは」という馬鹿な考えは捨てて、毎日灯りを楽しんでいますが、リサイクル業者や古物商の気持ちが少しわかった気がしました。

時々飯を食わせてガソリンやりゃ、落語やるだろ、という感じのノーギャラオファーが来ますが、落語の元手は僕のご飯代だけではありません。その芸をやるまでに肥やしとして遊んだ多大なる費用が。落語はこう見えて、高く買って安く売っているように思えなくもない今日この頃です。

(5) 寿限無 1

僕たち噺家は出世魚のように昇進するたびに名前を変えます。僕は過去に芸名を2回変えていて、前座の時は「柳家ごん白」という名前でした。

時は1999年の6月、入門して1カ月が経った頃の晴れた日でした。僕は三代目柳家権太楼に入門し、日々師匠宅で落語の稽古のみならず、日常の用事や着物の畳み方や太鼓の稽古にいそしんでおりました。

その日も朝の掃除を終え、師匠にコーヒーを出し、さて次は何をしようかと思っていると師匠が「うちの師匠のところへ行って、お前の名前を付けてもらうぞ」となりました。

大師匠、つまりは師匠の師匠は落語界で初めて人間国宝になった五代目柳家小さんです。目白に剣道場付きの大邸宅を構えています。まさか、僕が小さん師匠に会えるなんて。心臓が高鳴り、あたふたしていると、師匠が着替えをしに2階へ上がったので大急ぎで僕も着物から洋服に着替えました。

師匠宅での修業では見習い期間に着物を着るように言われていたのですが、なぜか師匠に聞くこともなく洋服に着替えたのは今でもなぜだろうと思うのですが、外に出るのに着物というのが恥ずかしかったのかなとも思い出されます。

師匠の車は限定のオープンカーのフェアレディZでした。4人家族なのに2シーターで、当時僕は免許がなかったので助手席に座り、師匠の運転で板橋から目白に向かいました。

柳家小さん師匠との初対面

「お前、下の名前、アキヨシてんだろ。だから師匠に、小よし、もらってやる」

師匠はそう運転しながら言いました。小よし。この名前は談志師匠も前座のうちに名乗っていた、柳家で大変に由緒ある名前です。なんという展開でしょう。

目白の小さん宅の大きな木の門をくぐり庭を通り、広い玄関で師匠が大きな声で挨拶をすると2階から小さん師匠が降りてきました。お宅には他に人はいないようでした。

「師匠、おはようございます。こいつ、今度うちに入ったんで、なめえ付けていただきたいんです」。「おう」と、小さん師匠はまっすぐにうちの師匠を見ていました。

「で、こいつ、本名がアキヨシってんです。アキ、ヨシ」

小さん一門では本名の一部から芸名を取ることが多く、小よしとなれば「ヨシ」だろうと、師匠は「ヨシ」を強く強調して言いました。「おう」。小さん師匠が僕をじっと見ます。「ついちゃあ、こいつに小よしをいただきてえんですが」。師匠が大師匠をじっと見て、僕のために話をしてくれている感動。

「なんだ」。小さん師匠がぼそっと呟きました。「こいつ、アキヨシなんで、小よしにしたいと思いまして」。師匠がヨシと小よしを強調します。

「俺、嫌えなんだ」。きっぱりと小さん師匠。

皆さまご存じのように落語協会分裂以降、小さん師匠と談志師匠は絶縁状態です。「では、なんにしましょう」。素晴らしい師弟関係。あっさりうちの師匠は切り替えました。

しかし、うちの師匠は第2案を持っていませんでした。

「柳家ごん白」を命名

玄関先に立ち、無言の小さん師匠。僕も師匠ももちろん黙っております。目白の静かな邸宅に無言の時間。心臓のドキドキが響きそう。おもむろにうちの師匠が、「こいつ苗字は稲葉ってんです。さん喬あにさんとおんなし」。そうか、苗字か、では、さん喬師匠が名乗られていた「小稲」か。

僕はじっと小さん師匠を見ていました。

「じゃあ、白、てえのがついた方がいいな」。小さん師匠は再びぼそっと言いました。白、因幡《いなば》の白ウサギ。やっぱり本名から関連づいた。「じゃあ師匠、ごん、かなんかに白ですか」。そう師匠が訊くと、「ゴンパクてえのはどうだ」。ごんぱく。「わかりました。パクは伯じゃなくて白ですね」「おう」「ありがとうございました」。

僕と師匠はそれから小さん宅を出て、めでたく僕の名前は「柳家ごん白」になりました。

というわけで、その後の名前の顛末は次にお届け致します。

（6） 寿限無 2

めでたく「柳家ごん白」として1999年7月21日に新宿末廣亭で楽屋デビューをしてから3年後の2002年11月1日に二ツ目に昇進し、「柳家小権太」と改名しました。「小」の字を師匠の名前に付けることはよくあり、大師匠小さんの一文字もいただけるので、とても良い名前でした。この名前は真打ちに昇進する14年3月21日まで使いましたので、現時点では僕の名乗った名前では一番長い勘定になります。

柳家東三楼は僕で三代目になります。先代は昭和の名人、古今亭志ん生師匠が一時期名乗っていました。志ん生師匠の『びんぼう自慢』を読んでわかったのですが、名乗っていた時期が37歳の頃で、僕が襲名した年齢とちょうど同じでうれしく思いました。そして志ん生師匠が東三楼を名乗っていた頃はその多い改名歴の中でも一番の貧乏をしていた時期で、そのあたりもアメリカに移住し僕自身が苦労をする中で、「東三楼」という名前の宿命かなとも感じています。

弟子たちに与えた「ざぶとん亭」

「楼」という字は噺家の中では珍しくなく使いますが、世間では中華料理屋以外ではあまり名前で使いません。そのせいか「東三桜」と「桜」という字で間違われることが多々あります。一度届いた郵便には「柳亭東山桜」と書いてあり、りゅうていとうさんおう、と読むと誰なのだか全くわかりません。そのように、難しい漢字を使う名前でもありますので、普段は皆さんに「ざぶ」とか「ざぶちゃん」と呼んでいただくようにしています。これはアメリカで出会った人と日本での親しい友人だけですので、一度芸人の後輩から「アニさん、ざぶさん、って呼ばれてるんですか」と、この先輩は噺家やめるのかというように顔をのぞき込まれたことがあります。

そのようなあだ名でもあり、僕の元で落語を学んでいるかわいいお弟子さんには「ざぶとん亭」という亭号に好きな名前を付けてもらって芸名にしています。今かわいいお弟子さんは20人ほどアメリカとフランスにいまして、みんな個性的な名前やかわいい名前、かっこいい名前を自分で考えて名乗っています。中には「ざぶとん亭ティラノサウルス」や「ざぶとん亭鬼」といった襲ってきそうな名前の子もいます。アニメの影響もあり、鬼がつく子は2人います。「ざぶとん亭ジェダイ」君もいますので、なんだか「ざぶとん亭一門」で映画が作れそうです。

どんな名前を付けるか想像する楽しみ

お稽古はみんなで大きな声で寿限無を言ってから始まります。日常の世界から人前で噺をする気持ちと声を作ってもらうためです。最初から覚えている子もいますが、お稽古で初めて寿限無に出会った子も3回目の稽古では暗唱して、とても早口で言えるよ、とアピールしています。これは僕が入門した時もそうで、寿限無や、たらちねと言った長い名前の出てくる演題から入り、徐々に落語に慣れていきます。

最近では子供のみならず、アメリカ在住の大人からも稽古の申し込みが来ています。まだどのように稽古して良いかに悩んでいますが(日本語ではなく稽古も落語も英語なので)、もし名前を付けるとなったらどんな名前に決めるんだろうと今から楽しみにしています。アメリカ版の寿限無のような長い名前や(ピカソの本名がすごく長かったりしますし)、とても発音しにくい名前だったらどうしようかと勝手に想像して楽しんでおります。

名は体を表す、ということも言いますが、芸名は遊んでいるくらいが人に覚えてもらえるし、演じている当人も楽しいかもしれません。プロの噺家にも、えっ、と思うようなユニークな名前やしゃれた名前はたくさんありますね。僕は東三楼で覚えていただきたいですが、気軽に「ざぶちゃん」で結構ですので、今日は僕の名前と顔を覚えていってください。

(7) 佐々木政談

このたび、RAKUGO Association of America(落語をＲＡＫＵＧＯへ事務局)という団体を結成いたしました。日本の伝統文化である落語をＲＡＫＵＧＯとして広める、また落語を通して日本の文化を広げていくことを目的としています。

第1回目のイベントとして、6月5日午後7時より、世界の子供たちを中心に、世界の皆さまに無料のオンラインにて英語、日本語で落語をお届けします。

僕がアメリカ、ニューヨークに移住した理由は二つあります。表現者としてさまざまなアーティストとの関わりの中で自分の芸を磨くこと、そしてRAKUGOを楽しむお客様、または演じる後継者を増やしていくこと、この二つを目指して移り住みました。

僕の芸名の一部を取って「ざぶとん亭一門」として、落語を教えさせていただいております。ニューヨークの役者さんやアメリカ、フランスに住む子供たち、そしてハーバード大学にはオチケン、落語研究会もあり現在25人くらい門下生がいます。落語の修業をする本当のお弟子さんとは違いますが、「かわいいお弟子さん」として日本語で教えています。現在アメリカ各地よりアメリカ人の方からも問い合わせをいただき、英語クラスも検討中です。「目指せカーネギーホール」の合言葉で、日々お稽古をしております。

海外の子供たちに日本に触れてもらう

「佐々木政談」という古典落語があります。子供がお奉行様に意見を申し上げ、取り立てられ出世をするというのがごく簡単な筋です。梅檀《せんだん》は双葉より芳しという「子ほめ」という噺に出るセリフもありますが、私たちの団体が子供の無料オンラインクラスを作り力を入れているのは、海外に住む子供に早いうちから日本語を母国語の1つとして楽しんでもらう、文化を深く知ってもらうことを目的にしています。

ハーバード大学の落研の部長だった「ざぶとん亭お空」さんは数カ国語を使い、お母さまが関西出身ですので標準語と関西弁まで使い分けます。フロリダ州で育った彼女は子供の頃からお母さんの好きだった落語に触れ、日本の大学の落研のように大学に落語のクラブを作りたいとずっと思っていたようで、僕に話が来ました。彼女は今日本で建築家として働いていますが、日本の文化に触れて育ったので、就職はアメリカではなく、日本を選んだのかもしれません。

小学生の弟子も世界デビュー

子供たちのクラスでは月に1回くらいの頻度で発表会をしていますが、短い時間でどんどん落語を覚えて演じています。中には僕が教えていない演目も自分で覚えて稽古して発表する子もいますし、自分で小噺を作ったりアレンジしたりして挑戦する子もいます。普段の稽古もネタの選定も親子の会話の一部になっているようで、僕の狙いそのものが実現できていてうれしいです。

その成果は今回のイベントで皆さまにご披露できるかと思います。と言いますのも、「ざぶとん亭奏歌」ちゃんという小学生のかわいいお弟子さんが5日の会で僕の前座として世界デビューします！ 演目は寿限無。第1回の発表会で見事に寿限無を演じ、笑いの間も表情もしっかり落語で、僕はとても驚きました。素直に邪念なく、台本通りにやって面白い、僕は柳家で学んだ「素直」という五代目柳家小さんの信念を改めて考え直すことになりました。末恐ろしいとはまさにその通りで、このままいくと数年後に僕は抜かされてしまうのではないか、と思うくらいに頑張っています。

他のかわいいお弟子さんも負けていません。彼女に触発されるように2回目の発表会ではみんな「時そば」という大人、プロがやっても難しいネタに挑戦しました。小学生未満の子たちもしっかりと小噺に挑んでいく。落語は一対一の稽古が基本ですが、いまアメリカで、フランスで、子供同士の落語の火花が散っています。

いつか本当に大きな会場で落語コンテストができる、そう思って僕たちの団体は進んでいきます。

(8) 七段目

二ツ目時分に「七段目」という演目をかけました。この噺は芝居好きの若旦那と丁稚の小僧が「仮名手本忠臣蔵」の七段目の真似をして大目玉を食う噺ですが、この演目をかける噺家は根っからの芝居好きで、踊りから殺陣《たて》から何でもございの芸人ですので、芝居の口調やしぐさが入る場面はまことにリアルでうまい。劇中の若旦那や小僧ってそんなにうまいのかってくらいにやります。

一方で私は恥ずかしながら歌舞伎の素養に欠けていて、「それくらいの方がかえって若旦那も小僧も素人っぽくてリアル」と変な褒め方をお客様にされた思い出があります。

芝居のワークショップに参加

このたび、こちらの連載を交互でしているＡｋｏさんにお声をかけていただき、「Chushingura-47

Ronin」のワークショップに8日間参加させていただきました。自分で作っている落語の芝居以外で俳優として出るのは5年ぶりです。Ａｋｏさんにご連絡をいただき、オーディションを受けまして参加させていただきました。

セリフの量も多く、普段落語では使わない言葉ばかりで、夜の目も寝ないで一心不乱に台本と取り組みましたが、やはり芝居と落語は違います。落語は全部のセリフの応酬を一人でやりますので、相手役も相手役の相手役も自分ですので、セリフの終わりや間も自分で出来ますが、芝居は当たり前ですが共演者とのやりとりです。しかし、この当たり前が毎度難しい。そして落語は座ったままですので、足を動かしてセリフを言うのに慣れていない。完全に混乱し、皆さんの高い質を保つのに付いていくのに精いっぱい。

蘇る芝居の思い出。迷い、成功、そして死

以前に出たお芝居の記憶が蘇りました。２０１６年でした。

その年は2月半ばから客演での俳優のお仕事の稽古に入り、4月に公演を終え、5月にも友人主催の「12人の怒れる男」の公演の稽古に入り、としているうちに俳優の仕事が忙しくなり（その間に出演した映画の公開もありました）、といった具合に俳優としての仕事が増す中、毎度稽古場で演出家さんの要望に応えられずに絞られ、という毎日でした。そして本業の落語でも難しい噺に取り組み、昼は演劇、夜中に「黄金餅」や他の噺を寝ずに稽古をするという日々を送っていました。

そんな時に6月公演の稽古中に主催をしていた友人の死を迎え、僕は彼を弔うための作品「12人の粋な江戸っ子」という江戸を舞台にした演劇の準備を始めて、精神的にも肉体的にも限界を迎えました。それでも役者としてのオファーが来てしまう。状況を説明しても「どうしても」と言っていただき断れない。僕で本当に良いのだろうか。そして本業も真打ちになったばかりで、今後やっていかれるかの正念場。

そして11月。自分の劇団を立ち上げ「12人」の前段階で落語のお芝居を主宰し終えて、他の劇団の公演に役者として参加している最中に独演会を開催しました。それは文化庁芸術祭参加作品。その年の暮れでした。「12人」の稽古中に受賞の知らせをいただき、「12人」は大入り満員で大成功、でしたがその間に父が事故で死にました。

落語と芝居のはざまで生きる

ワークショップが終わった翌日のオンライン公演で人情噺をしました。芝居を経た後の人情噺は成長しているように感じます。2016年の受賞もそうでした。周りからザブちゃんの落語変わったねと。今回も僕の身体の組成が変わったかのように人情噺のセリフが出て来ました。

新しいニューヨークでの環境の中、芝居の現場でも揉まれ、僕の中にもう一つ深い皺ができて、登場人物に光と、そして影を感じているのかもしれません。芝居が好きです。落語が好きです。前座の頃から死ぬ気で取り組んでいますが、移住も芝居もその気です。根性はないですが、好きでやる商売、好きこそ物の上手なれで今後も生きていきます。

(9) 化け物使い

「化け物使い」という落語は小言の多い主人が使用人にあれこれ言ったらみんな辞めちゃって、ついには化け物までって噺です。演じたことはないのですが、そろそろ演じてみたいなと思っています。子供さんにも大人にもウケる、そんな噺じゃないかと思っています。ただその前に、ハロウィーン向けに絵本にしたいな、ということで少しずつ支度をしています。

と言いますのも、香川県の小豆島に妖怪画家の柳生忠平さんという友人がいて、これまで小豆島の彼が館長を務める妖怪美術館で暗闇の中の妖怪画の前で落語をするコラボをしたり、僕自身を妖怪画にしてもらったりと交流をする中で、妖怪と落語の絵本を作ろうとなったのがきっかけでした。

妖怪画家との出会い

彼との出会いは2017年の京都でした。三条会商店街にある友人のギャラリーに僕は居候しながら小説を書いていました。その時のギャラリーの招聘アーティストが忠平さんで、寝床の長屋で共同生活をしながら酒を飲み、アートや人生の話をし、偶然同い年というのもあり、意気投合していきました。これまた偶然でしたが、その期間中、長屋が使えない日が5日ほどある時に小豆島の二十四の瞳映画村の脇のゲストハウスを取っていたのですが、忠平さんも同じく長屋が使えない時期でしたので小豆島でまた一緒になるという寸法でした。僕は宿を取る時に彼とは会っていませんでしたので、本当にこういう偶然のつながりってあるんだなと不思議に思いました。

その頃はほとんど東京の部屋にはいないで、着物とパソコンを持って各地を転々としていましたので、小豆島にもちょくちょく伺うことになりました。僕は海のある所では執筆がはかどるので、自分の劇団の台本を書いたり、小説を書いたり、ビザの書類のドラフトを作ったりと随分と仕事をしました。そして夜は忠平さんや島の人たちとお酒で交流する。小豆島おこもり生活は本当に楽しく、態度の良い尾崎放哉気取りで創作活動をご機嫌にしていました。小豆島や直島は今はアートで有名です。街のそこかしこにパブリックアートがあり、ニューヨークシティーに通じるような感性があるように思います。朝の霧がかった瀬戸内海や、ものすごく濃い闇が現れる夜の森は本当に妖怪が出るんじゃないかと夏でもひやっとします。

妖怪が見える世界　非日常を感じる旅

妖怪は見える人には本当に見えるそうです。京都のギャラリーでの忠平さんの展覧会の時に「見える」と言う方に会いました。その方は他の見える方と何度も同じ瞬間に同じ妖怪を見ていると言っていました。そして、忠平さんの描く妖怪の世界はまさに見える世界に似ているんだそう。

僕には全く見えない世界。幽霊の世界もそうですが、全く縁のない世界ですが、普段より妖怪を意識しているので心象風景の中に普通の人が見えない世界が生まれて、現実に投影できるのかなとも思います。悪魔はこの世に存在するかと問われて、人の心に悪魔がいる、と答えたことがありました。想像物がアートのフィルターを通されて、創造物として現れるのかなとも思います。暗闇で湿ったところを通るとゾッとしたり、ひやっとしたりします。それはイマジネーションが脳を駆け抜けて、非日常の風景を描き、感じさせるのかもしれません。

小豆島への旅は二つの非日常を感じさせてくれます。旅そのものの非日常、そしてイマジネーションの非日常。その感触が僕の創作を刺激してくれるので仕事が進むのかもしれません。そう考えると、これから予定している全米ツアーでも、旅以上の何かを感じさせてくれる街が楽しみです。ニューヨークは僕が最初に来た時に妖気を感じさせてくれました。それが移住にもつながった直感を産んだのだとも思います。その感情はいまだ僕の中にあるので、僕は今も旅の途中なのかもしれません。

(10) たがや

家は団地の4階で、毎年隅田川の花火大会は家のベランダとテレビの中継を見比べながら楽しめましたので、混雑する会場の近辺に行くということはありませんでした。浅草近辺に行くのはもう少し前の夜桜と四万六千日様のほおずき市の時で、ベランダから遠くに見える隅田川の花火を眺めながら浅草の江戸情緒を想像したものでした。

また、もう少し東に行くと荒川、江戸川とあり、大きな川に囲まれた環境にありましたので夏になり花火大会が各地で始まると、家族や友人と家や土手で蚊を追っ払いながら、首が痛くなるくらいに真上に上がる花火を味わいました。

前座修業時代の夏

前座になって毎日の修業ゆえ自由な時間が全くなくなりましたが、隅田川の花火大会だけは感じることができました。というのも、浅草演芸ホールの夜席に前座で入っていると、大きな花火が上がった時は客席や楽屋に音が少し聞こえるのです。そして、客席は昼席の熱気はどこへやら、ガランとしていて（せっかく浅草に来たら花火を見るでしょう）、高座の師匠も花火の盛り上がりと寄席の静けさをネタにして「たがや」に入るのでした。

7月に入ると前座は浴衣で楽屋にいるのを許されて、装いも涼しく、高座にかかる「たがや」を聴きながら、楽しむことは許されない夏を楽屋で感じるのです。二十代前半、友人は恋人とおしゃれな浴衣を着て花火大会、僕ら前座は落語協会の文字の入ったおそろいの浴衣で楽屋働き。寄席がはねて（終演して）から浅草の街に出て「素人は浴衣の着方が汚ねえな、それに比べて修業している俺達は奇麗に着物だって浴衣だって着られるんでい」とぶつぶつ言いながら居酒屋で安酒を飲んだ夜、僕はあの頃が青春だったとこの季節が来ると思い出します。

祝祭と希望を込めたNYの花火

ニューヨークでは成人のワクチン接種率70パーセントを祝って市内10カ所で花火が上がりました。なんて粋で素敵で市民の心をつかむ演出でしょう。全米でも世界でも群を抜いて悲劇の大きかったニューヨークが、ニューヨーカーらしいものすごいスピードでワクチンでの集団免疫を獲得していき、花火をぶち上げてお祝いをする。コロナは終息するんだという宣言を視覚的に演出する感覚。

僕は今まで日本で情緒的に、夏の恒例として花火を見ていましたが、祝祭という意味、機能で花火を見たのは初めてでしたし、長いトンネルを抜けて呼吸をしたような爽快さを感じましたし、この花火は二度と見たくない、見られないものだとも思いました。

家のそばの鉄橋の上で近所の人とワクワクしながら金網と線路越しに花火を待つ間、通る電車に子供が手を振る、そして電車がブーと音で応えながら過ぎ去っていく、その電車の光に僕はこれからの正常に戻る世界や、アメリカや世界で落語をしていく希望を見ました。失っていた光が帰ってくる。これが文字や観念の話ではなく、火花として、過ぎ去っていく電車の軌道として目に焼き付いて、それが感情にも明かりを差してくれる。すごいスピードで感染が広がった悲劇も、猛スピードで回復しどかーんと花火を上げる派手さも、ニューヨークらしくてますます愛着が湧きます。

浅草とニューヨーク。今後、光について考える時、僕はニューヨークの花火を思い出すでしょう。でも花火を見る時は、前座修業の酸っぱい記憶の浅草を思い出すでしょう。

(11) 不精床

江戸時代は床屋や銭湯が町民の憩いの場でした。町人の生活を描く落語には「不精床」や「浮世床」といった床屋を舞台にした噺があります。不精床はその名の通り、不精な店主が不精に客を扱うというなんともほのぼのとした一瞬を切り取った名作です。

懐かしき床屋の思い出の数々

子供の頃は父に連れられて、近所の床屋に月に1回行っていました。商店街にある小さなお店で親父さんと奥さんと息子さんの3人でやっていましたが、旦那さんが体を壊してからはカットが息子さん、顔そりが奥さんになりました。

小学校高学年になると父と行くのが恥ずかしくなり、平日の昼間に行って切ってもらい、ツケにしてもらって父が次に行ったときに払うようになりました。座って僕が切ってもらい出すと、商店街に住むクラスメートの女子が決まって3人ガラス越しに僕が切られているのに笑ったり手を振ったりしてちょっかいを出すので、僕は黙って目を瞑って気が付かないフリをしていたのを思い出します。

高校生になってからも通っていましたが、ある時息子のお兄さんにカットモデルをしてくれと頼まれて、隣町の美容室のスタジオでカットをして写真を撮られた時に全くおしゃれに思えず、それ以来行くのが嫌になって髪を少し伸ばして行く回数を減らしたのを覚えています。

母校の小学校に公演で行った帰りにそのお店のそばを通ったら変わらずやっていて、声でもかけようかと思ったのですが、髪を切っていかなきゃいけないのかな、と余計な思いが生まれ、やめました。僕もお兄さんもおじさんになって会うときっと不思議な気持ちになるでしょう。そしてお兄さんは、あの頃の親父さんのようになっているかと思うと、なんだか時間が経っていないようにも感じます。商店街もお店も30年前とほとんど変わってませんでしたので。

「ニューヨークイケメンスタイル」をオーダー

ニューヨークに来てからは友人のキヨさんに髪は全てお願いしています。ある飲み会で知り合ったのですが、当時極貧だった僕にキヨさんは「いつかビッグになってください」と無料で切ってくれていました。

そのキヨさんが去年、ニューヨークの街が大変な中、SOHOにご自分のお店を出しました。「KAZ　SALON」という名前のお店です。僕はビッグにはなっていませんが、カット代は払えるようになっていましたので、ここはキヨさんに腕を振るってもらおうと髪を伸ばし、人生初めてのパーマを当てることにしました。

「ザブさん、どんな感じにしますか」「キヨさん、ひとつ、ニューヨークイケメンスタイルでパーマをかけてください」。その注文で出来上がったのが、画像の私です。髪はイケてますが、顔がイケてない。

髪を切りながら会話する楽しみ

これまで美容室でお喋りをすることは全くありませんでした。ところがキヨさんは歳も近く、話も上手で仕事がすごく丁寧なので僕はびっくりするくらいにお喋りをしています。このご時世、マスクをしながらですが、スポーツのこと、友人のこと、これまでのこと、いろいろと喋ります。美容室でお喋りするのは楽しいな、と40歳を越えて知ることとなりました。

そうか、落語に出てくる床屋さんはこういう感じか、いや違うな、とおしゃれな店内で思うのですが、一番近いのはエディ・マーフィーの『星の王子ニューヨークへ行く(Coming to America)』のあのクイーンズの床屋かと、思い至りました。

あの店はみんながお喋りで、不精しそうな雰囲気も醸し出している。用もないのに遊びに行って髪を切る。パトリス・ルコント監督の『髪結いの亭主』での床屋で悪口を言い合う男同士の会話も近いかもしれない。

世界中のどこでも床屋や美容サロンなんて同じような会話をしているんじゃないかと想像すると、落語って良く出来ているなと思います。皆さんは髪を切る時に、どんな会話をしていますか。

(12) 青菜

「植木屋さん、ご精が出ますな」

このフレーズで始まる「青菜」という噺は落語の世界では夏の代名詞です。ゆだるように暑い夏のある日。お屋敷の庭で植木を手入れする植木屋に屋敷の旦那が珍しいお酒とさかなでおもてなし。縁側での二人の会話に奥さまが呼ばれて「菜のおひたし」はないかと。奥さまは「旦那さま、鞍馬から牛若丸が出まして、その名を九郎判官《くろうほうがん》」と返す。そのわけは、ぜひ一度「青菜」を聞いてみてください。

一度大阪で落語を研究されている方から東京の噺家にアンケートが届いたことがありました。「落語『青菜』の青菜は何の菜だと思いますか」という質問でした。そう言われてみると、青菜がほうれん草なのか、または小松菜なのか、大根の葉っぱなのか、何なのか考えたことがありませんでした。楽屋での師匠方の反応は大体、「そんなの何だっていいんだよ」という感じでした。僕もそう思っています。

しかしながら、その菜葉に香りがあるのかとか歯応えとか、聞かれてみると気になります。この質問に正解はありません。演者が何か菜葉を思い浮かべていればそれが正解ですし、噺の中の旦那だって植木屋だって青い菜だったら何だっていいと考えているかもしれません。ここらへんの感覚が落語らしいですね。

「青菜」の難しさは暑さの表現

「青菜」を演じるときに難しいのは、夏の暑さの表現です。「植木屋さん、ご精が出ますな」の最初の一言で暑さを一瞬で表現をしなければならないと師匠から何度も言われています。

落語は演じ手の最初の一言でその人の実力が分かります。声で人物同士の距離感、親密さ、状況を表現しますが、最初の一言でどのくらい実力があるかが分かります。そしてこの「青菜」に関して言うと旦那の気遣いや奥さまの上品さとその反対の長屋でのガサツさ、そして氷を食べた時の冷たさで暑さも表現する難しさです。

落語家は最初におうむ返しという種類の噺を前座のうちに学びます。「道灌《どうかん》」や「子ほめ」という15分の演目ですが、落語の基礎となる教わったことを真似して失敗するという構造で、この「青菜」はそのおうむ返しの構造にせりふの装飾が施され、30分の大作になり、真打ちがトリで演じる噺になっています。

夏を代表する噺は幾つもありますが、暑さの表現、おうむ返しと言う基本的な構造で飽きずに30分聞かせなければならないのです。

頭をよぎるのは福島の炎天下

２０１１年の夏でした。大震災の年、８月の暑い中、東北で家から家財や土砂を出すボランティアをしていました。その地域は震災の復興もままならない時に土砂災害もあり、僕は友人数人と行っていました。

スコップでせっせと泥をかき出しながら僕は「泥かき屋さん、ご精が出ますな」と友人に言いました。その友人たちは僕の落語会も開催していたので「青菜」を知っています。「泥かき屋さん、ご精が出ますな」。そう言うと友人の一人は、「ねえ、この暑さで『青菜』やったら超リアルな『青菜』になるんじゃん」と、そう返されました。

僕はすかさず「青菜」を続けてみました。「こらどうも、旦那」。スコップで泥をかきながら、またはお宅から冷蔵庫を運びながら「青菜」を喋ってみました。汗だくの上、息は切れ切れ。今でも「青菜」をやる時に設定の邸宅や縁側、長屋よりも福島の会津のあの炎天下が頭をよぎります。ピカーっと脳天に直射日光が当たっているイメージで「植木屋さん、ご精が出ますな」と言ってみる。芸はしたことないことを想像して演じるものとは分かりながら、炎天下を想像してしまう。そして今は先日フラッシングで食べた青菜の炒め物も想像している。

今年も青菜の季節がやって来ました。果たして僕の「青菜」は成長しているのか。期間限定のネタは毎年出来に振れ幅があるので、今年の出来が楽しみでもあり、怖くもあります。

(13) 三人旅

「三人寄れば一人乞食なんてなことを申しまして」という文句で始まる「三人旅」。三人で行動をすると、どうしても一人仲間外れになってしまい、効率がよくないということわざです。

この噺では江戸から出て、箱根の山を越える旅で、一人、足の悪い馬に当たってしまい、珍道中はより笑いを生みます。「三人旅」というほのぼのした落語もありますので、聴き比べてみてはいかがでしょうか。

旅先で大しくじり

これまで旅の仕事は数えられないくらい、日本でもアメリカでもしてきました。各地での公演ではおいしい物をいただき、地のお酒をいただき、観光名所を回って帰るという芸人冥利に尽きる仕事です。そして僕にとっては、師匠やお客さまをしくじってしまうのも、旅に付きもの。それは大分県の湯布院でした。

師匠に付いて大分県をぐるっと回る一週間くらいの旅でした。大分市内の仕事を終えて、湯布院、佐伯市を回って帰る旅です。湯布院は2泊。1泊目は夕方に着いて部屋で休み、2日目の夕方に公演し、次の日に佐伯に向かうスケジュールでした。

無事夕方の公演を終え、主催の宿「亀の井別荘」という超高級旅館のおもてなしを受けました。和食レストランで地鶏のすき焼きをいただき、ビールや焼酎をいただく。僕は二ツ目になりたてで27歳くらいでしたので、もう17年くらい前の話です。

レストランで食事を終え、師匠の部屋で主催の皆さんと飲み直そうとなりました。「師匠、とっておきのお酒持ってきましたよ」と主催のOさんは言うと、当時プレミアが付いてなかなか手に入らない兼八を一升出しました。やっぱり亀の井は違うなあ、そう思っていると、僕に出されたわけでもない兼八の杯がぐいぐいと進みます。師匠や主催の方はゆっくり兼八を味わっているのに、僕はガブガブ、ガブガブ。

気付いた時は遅かった。もう残り少し、僕が半分くらい飲んでしまっていた。そこまで来てようやくお値段を聞くと当時一升で2万円以上とのこと。主催の方は普段は優しい顔ですが、うっすら表情が顔の真ん中により「あんたじゃなくて、師匠に飲んでもらいたいのに」という感じです。あ、しくじった。そこは酒宴、楽しく終わりましたが、次の朝、師匠の雷は落ちました。

なんと私メ、寝坊をしたのです。楽しい旅で師匠を怒らせてしまった。後悔の念と共に二日酔いがひどい。ああ、なんて弟子なんだ。そう思いながら、落ち込んでいると「おい、ここは朝飯がうまいんだ。飯食って、温泉入るぞ」と師匠。旅の仕事じゃなかったら一日でクビだったかなと思いますが、師匠と温泉に浸かりつつ、なんとか寝坊を見逃してもらえました。

10年後真打ちになり、賞を取った時に亀の井別荘のOさんがお祝いに兼八を2本送ってくれました。いつか僕が師匠で弟子や後輩を連れてったら、と想像しました。

兄妹弟子の成長

一週間ほど滞在したテキサス州ダラスではかわいいお弟子さんに迎えられました。僕がオンラインで指導している中学生と小学生の兄妹です。日本食レストランでの2日間の独演会で僕の落語に挟まって落語をしてもらいました。

兄の「ざぶとん亭たろう」君は「兄弟の馬鹿」「一家そろっての馬鹿」の小噺を披露。妹の「ざぶとん亭おはな」ちゃんは「寿限無」を披露。馬鹿の小噺はいろいろとアメリカの風習を入れてアレンジしたりしていくつかパターンを持っていましたが、日本人が多い席でしたので古典通りに。「寿限無」は少し長いと思ったようで、おはなちゃんが自分で噺を編集して、面白い、ウケるところを中心に再編成して「少し短いバージョンです」と披露。

これには感心しました。小学校4年生が自分で落語を解釈して、自分のやりやすいように、また僕の邪魔にならないように気を使う。僕はかわいいお弟子さんには自由に演じてもらうよう指導していますが、とても効果は出ているようです。いつか三人で旅したら、僕が仲間外れになっちゃうかな。

(14) 薮入り

「かくばかり偽り多き世の中に、子のかわいさは真なりけり」

その昔は子供が働きに出る、奉公するということがありました。まだ年端の行かない子供を外の家に働きに出す、そんな親心を描いた作品が「薮入り」です。今で言う就職とはまるっきり違い、「他人の家で飯を食う」大変な苦労が伴いました。奉公して3年は親元には帰れない。初めての薮入り、子供の帰省は親にとってはこの上なくうれしいものです。

見習い入門生活　初めての一人暮らし

われわれ噺家の修業も似ています。今は師匠の家庭の事情もあり、内弟子、つまりは師匠の家に住み込みで入るのはほとんどなくなりました。僕もそうでしたが、師匠宅の近くにアパートを借り毎朝通う、通い弟子です。それも今は少なくなっています。

初めて師匠宅へ入門のお願いで両親を連れて行った時でした。

「まあ人を一人殺して、刑務所に入ったと思ってください。15年後、この子は親孝行になりますよ」。そう師匠・権太楼は言いました。玄関口で両親と別れて以来、僕は師匠の弟子になり、見習いということで入門しました。しばらくは自宅から通いましたが、正式に前座として寄席に出るようになると、師匠宅での修業に加え、寄席での修業もあり忙しく、初めての一人暮らしとなりました。

修業は一門によって違います。僕の柳家は師匠宅でのご飯は自分で作り、自分で片付けをします。朝は台所で立って、昼は女将さんとテーブルで毎日食べます。師匠と女将さんからは「他人の飯を食う」って苦労をしないと、一人前の噺家になれないよ、と言われました。重い言葉です。

それまでの20数年、家では母が出してくれた物を食べ、茶碗や皿を下げることすらしていませんでした。寄席で夜席を終えてクタクタで帰っても部屋に食べ物はありません。そして、寝坊は絶対に許されませんが、朝に母が学校に行くようにと起こしてはくれません。落語界の修業は理不尽に耐えることと言いますが、それに加えて、師匠という絶対的な存在の元で文字通り「ご飯を食べる」厳しさが、心の底から身に染みました。

息子を誇る母に思いをはせて

入門から3年経って、半年後に二ツ目に昇進することが決まり、実家に帰りました。

母は僕の好きなカレーを作ってくれ、お祝いに刺身を出しました。カレーライスと刺身は何とも味が合いませんでしたが、母のうれしい気持ちが伝わりました。食事を終え、僕が自然と席を立ち、皿をシンクに下げた時でした。「そのままでいいのに」。母はこう言いました。普段の師匠宅での習慣で僕は自然にそうしていました。何だか修業が出来てきたという気持ち、自信と共に、ああ、僕は実家も他人の家と思うくらいに帰ってなかったんだと寂しく感傷的になりました。

真打ちになって8年、アメリカで生活するようになって3年弱。SNSでの更新がないと母からLINEで「元気ですか」と来ます。今年45歳にもなる息子に母は度々生存確認をしてきます。落語家になる、入門すると言った僕に2週間も口を聞かずに反対した母が今では、「あなたは私の誇りです」と恥ずかしげもなくLINEしてきます。師匠があの時言った「この子は親孝行になりますよ」という言葉を思い出します。結婚せず、孫の顔も見せない僕が誇りだと言う母に、金銭的にも精神的にも何か出来ている気が全くしません。もしかしたら僕は終身懲役かな、とも思います。

今年はパンデミックのせいで藪入りできませんでした。そのせいか、母からのLINEも頻繁にきます。子供はいませんが、そういう母の気持ちを考えながら、そろそろ藪入りを手がけてみようかと思っています。

その反面、死んだ父を思う時は、酒と女とばくちばかりが浮かぶのは、噺家としてはありがたく、子としては反面教師だなあと思うに至ります。

(15) ちりとてちん

「ちりとてちん」という噺は、テーマはそのままで登場人物と台詞のまるっきり違う「酢豆腐」という噺と共に、夏の代名詞といえる演目です。足が早い、と言いますが、腐りやすい食べ物にことさら気を付けなくてはいけない季節の真っ只中ですね。

この噺には日本人の大好きなタイの刺身やウナギのかば焼、「灘の生一本」と出てまいりますが、現在英訳をし、英語での稽古をしていますが、訳出に苦労をしております。日本語のままにするか、日本語を使わない人にもわかりやすい言葉に変えるか、いっそテーマはそのままに舞台をアメリカに変えて「ちりとてちん」「酢豆腐」に続く第3の噺をこしらえるか、日々格闘しております。

食中毒事件で一人難を逃れる

高校一年の夏休み、ラグビー部の合宿はラグビー合宿のメッカ、長野県の菅平でした。炎天下の中、毎日朝から夕方まで激しい練習と試合を繰り返し、部員はぐったりしていました。足は疲労骨折寸前、当時は練習中に水も飲めず、日陰で休むことも許されないまま、ダッシュをひたすらする地獄の日々でした。そんな中で事件は起きました。

昼食で出た山菜そばの山菜が腐っており、部員が食中毒を起こし、その日と次の日の練習が中止になりました。ところが、僕だけは何の症状もなく元気で、練習は休み、ここぞとばかりに合宿所の周りをのんびり帽子をかぶって(ヘッドギアじゃないのがうれしかったです)散歩したのを覚えています。

他の学校の練習をのぞいたり、草原を歩いたりと大して面白くはありませんでしたが、誰にも触れることなく(練習では臭い男同士で触れ合ってました)、喋ることもなく(岩崎恭子さんが金メダルを取って、そんな話題が多かったです)、走ることなく歩いている時間は生きた心地がしたものでした。仲間は吐き気や腹痛で練習より地獄だったようですが。

15歳の夏　落語との出合い

結局僕は試合中のタックルで鎖骨を折り東京へ帰り、何も出来ない、そして平和な日々を迎えました。毎日図書館へ行き、好きなだけ本や雑誌を読む、そんな天国へ地獄から引っ越したわけです。そして、落語に出会います。

なんの気なしに手に取った落語の本『現代落語論』(立川談志)、そしてカセットテープの「天災」「鼠穴」。そして談志師匠の師匠の師匠、今となっては僕の大師匠、五代目柳家小さんの「ちりとてちん」に出会うまでも大して時間はかかりませんでした。次々に落語のテープを聴き、落語関連の本を読み、夏休みが明ける頃には、一端の落語マニアになっていました。それからラグビー部はやめて、放課後は寄席や落語会に通う日々になり、どうせ付属の大学に入れるんだからと数学の学習塾もやめてしまいました。

夏が来るたびに、落語に出会った15歳のあの頃を思い出します。図書館から帰った夜、折れている左の鎖骨が蒸れて不快で、そして冷房のない自室でヘッドフォンを付けて耳にも体にも汗をかきながら落語を聴く日々。落語にハマる前と後ではすっかり世界の見え方が変わってしまった。「人間の業の肯定」というが、その「業」って何だ、高校生の僕には到底わからなかったですが、落語がどうやら単なるお笑いじゃないぞ、と感じていました。

柳家小三治師匠のまくらで「卵かけご飯」という名演があります。夏に食欲がない時の噺です。これを聴くたびに僕は無性に卵かけご飯が食べたくなり、スーパーの安い卵をご飯にかけます。アメリカの生卵は危険だっていうけど、そうやって毎回「ちりとてちん」を浮かべながら恐る恐る卵かけご飯をかき込みますが、やっぱり僕のお腹は何ともありません。さすがに腐った豆腐に挑戦するつもりはありませんが、自分の心身の繊細さって何だろうと、道端の健康なヒマワリに問いかけたくなります。

(16) 圓朝忌

毎年、8月11日は明治期の落語中興の祖とされた三遊亭圓朝師匠の命日で私たち噺家は「圓朝忌」として大事な日と考えています。圓朝師匠は落語の神様のようにいわれていますが、お墓は谷中の全生庵というお寺に(コレクションした多くの幽霊画とともに)ありますので、少し変な気持ちになる時期でもあります。

落語界のドストエフスキー

圓朝師匠は61歳でその生涯を終えるまでに、今では古典落語の名作とされている数々の作品を創作しました。「真景累ヶ淵《しんけいかさねがふち》」「牡丹灯籠」や「怪談乳房榎」といった怪談や「塩原多助一代記」は非常に長い噺ですし、異説はありますが三題噺「芝浜」「鰍沢《かじかざわ》」や最近話題の「死神」の翻案、など幅広いレパートリーで江戸落語を文芸の世界にまで高めました。その世界では「死」や「金」を巡っての人間模様を深く、広く描いた点で「落語界のドストエフスキー」と僕は呼んでいます。活動時期もかぶっていて、寿命も約60年、19世紀後半のロシアと日本の文豪に共通点を感じてしまいます。

圓朝まつりで「ゴミ隊」大活躍

その8月11日の「圓朝忌」は、落語協会と落語芸術協会が合同で全生庵において圓朝師匠に落語を奉納するという形で長年実施していました。それぞれの協会で毎年こしらえるそろいの浴衣で協会員は参列し、お堂で落語を奉納する、それを少しの落語ファンが見守るという厳かな集まりでした。

それが2001年に芸術協会が共催をやめ、違う形にしたのをきっかけに、落語協会主催の「圓朝忌」は発展的な形で「圓朝まつり」と名を変えて、ファン感謝デーのにぎやかなお祭りに変貌しました。そのリーダーシップを取ったのがうちの師匠の権太楼で、我が一門は警備やゴミ拾いを担当することになりました。

「圓朝まつり」は「俳優祭」のように演者が模擬店を出してお客さまに飲食や物販をしたり、お堂前の怪談や広間で落語会やイベントをするというもの。

ところがその中で一番の名物となったのがわが一門のごみ拾い部門が結成した「ゴミ隊」でした。お祭りの途中、爆音でＹＭＣＡをかけ、お寺の敷地内を練り歩くパフォーマンスは警備とごみのルールの啓蒙というよりは、メジャーリーグのグラウンド整備をまねた猛暑を癒やす休憩になりました。暑い夏の最中、人でごった返すお寺の敷地で、次はあの師匠にサインをもらいに行こう、あの店に行こう、長い行列でいつ私の番は回ってくるんだろうというお客さまの目を引きました。おかげでうちの一門のゴミ隊Ｔシャツは飛ぶように売れて、僕はその資金で一門から立派なはかまを買っていただきました。

ヤンキースタジアムで懐かしのＹＭＣＡ

8月半ばでした。もう何年も忘れていたＹＭＣＡをヤンキースタジアムで聞きました。修業時代、うちの師匠が松井選手のファンで中継を見ていたのでテレビから朝に流れていたＹＭＣＡ。猛暑の中、爆音を浴びながらごみ拾いをしたＹＭＣＡ。お目当ての大谷選手も聞いていたであろうヤンキースタジアムのＹＭＣＡ。

僕は球場の外野に座って、トンボを持ち整備をする係の人たちを見て、一瞬心は谷中の全生庵に移り、そして裏のお墓の圓朝師匠から遠く明治の寄席の風景に入って行きました。

なんでまたこのニューヨークでそんなことを思い浮かべてしまうのだろうか。「ショーヘイ・オータニ」という場内アナウンスで現実に戻ると、球場は大きなブーイングに包まれていました。ヤングマン、大谷さんはヤングマン、日本のヤングマンがアメリカでスーパースターになっている、ああ、くだらない考えは捨てて試合を見よう、そう思っているうちに9回を迎え、試合はヤンキース勝利で幕を閉じました。

帰りの電車でかばんに手を入れて水筒を出そうとすると本が指に引っ掛かりました。ブックオフで2ドル50セントで買った『カラマーゾフの兄弟　2』です。アメリカだのロシアだの明治だの、ますます頭の中がごちゃごちゃして、ゴミ隊を脳内に送り込んだ、そんな真夏の夜でした。

(17) 寝床

落語で言う「寝床」はベッドという以上に芸事に凝ってしまい、下手の横好きで周りに迷惑を掛ける人、という意味があります。明治、大正時代に女性の義太夫語りが今でいうアイドルのような存在になり、義太夫、浄瑠璃を趣味にする人が増えました。聴いているだけでは物足りず、自分でもやってみようとなるのは御大家の旦那で、酒肴を支度して皆に聴いてもらおうと躍起になります。そんなかわいい、義太夫さえ語らなければ良い人の旦那を描くのが古典落語「寝床」です。

このたび要望があり、子供のグループレッスン以外に学生、大人のための稽古のクラスを作ることになりました。子供のクラスとは趣向を変えて、落語の実践をするのはもちろんですが、「大人の教養」を身に付けることを目的に、落語の歴史や名演の紹介、落語界の裏話なども織り込んでいく予定です。日本には趣味で落語をするアマチュアの方がたくさんいて、落語を演じるということが趣味として根付いています。子供や学生、社会人の日本一を決めるコンテストもあり、落語の人気や知名度が上がるにつれ、活動の幅は広がっているようです。

落語を正しく伝えたい

基本的にプロの噺家は素人さんにはあまり落語を教えたがりません。それぞれの流派に家の芸があり、それを安易に流出させたくないというのもありますが、それよりもプロとプロの間で行われる稽古は基本的にお金のやりとりは介在せず、無料です。

大学にある落語研究会《オチケン》の顧問をしたり、教室のようなものを開いたり、芸能人に教えたりということで報酬が発生している場合はありますが、ほとんどの噺家はプロにしか教えません。

僕も日本にいた時はそうでした。行政の要請で数人の子供に短期で教えたことはありましたが、今のように子供や学生に定期的に教えることはありませんでした。それではなぜ今のようにグループ稽古や個人の稽古を見るようになったかと申しますと、僕のアメリカへ移住した動機にも重なります。

「日本の落語を世界のＲＡＫＵＧＯへ」という旗印のもと、Rakugo Association of America を発足し、ＮＰＯ法人化を目指して活動していますが、その目的は日本の文化や日本語を「落語を通して正しく伝えたい」、そして、後進者をアメリカで育てるということです。現在アメリカで落語をされている方はいらっしゃいますが、僕なりにプロの真打ちとしての経験で後進や落語を楽しむ方を増やしたい、そんな思いで毎週稽古の場を設けています。

アメリカ流の指導法

そこで僕が気を遣っているのが教授法です。プロの落語界は師弟関係を中心とした、完全な縦社会、階級社会です。その環境で育った僕の感覚から、同じようなシステムではアメリカではなじまないと思い、横のつながりといいますか、あまり師匠や先生という感覚ではなく、友達に近い感じで一緒に落語、ＲＡＫＵＧＯを楽しみながら作っていく、そんなクラスにしています。この方法が最善かはまだわかりません。自分がしたように、厳しいプレッシャーの中でプロとしての自覚や技術を身に付ける方法は、いずれ職業として噺家になりたいという方が出てきてからでも良いかもと、今は封印しています。もしプロになりたいという方が現れても、そうはしないかもしれません。

ＵＳオープンが始まり、錦織圭選手の試合を観戦してきました。テニスプレーヤーはコーチによって成績が変わると聞きます。アメリカでは科学的なことや合理的なことが重視されるように思います。そして僕の育った落語界は不条理で言語化されない多くのルールがあり、ハラスメントに近いことも以前は多くありました。

僕が今後落語を教えていく中で、体系化したメソッドが必要かな、とも思いますが、そこが落語の難しいところで、落語を演じる技術や芸人としての心構えはシステマチックでない方が独創性の高い芸が生まれるようにも思います。ひとまず自由な雰囲気で、それぞれの演者が個性を発揮できる、そんな指導法を探りながらやっていきます。そして「寝床」の会に呼んでもらって、出演料がいただけたら最高ですね。僕が主催するクラスの合言葉は「目指せカーネギーホール」です。

(18) 目黒の秋刀魚

古典落語の中でどの演目が一番有名だろうと考えて浮かぶのが「寿限無」「時そば」「目黒の秋刀魚」です。また今は人気のアニメや音楽の影響で、若い人には「死神」かもしれません。読者の皆さまはどう思われますか。他にアメリカやニューヨークでもっと有名な噺はありますでしょうか。

江戸時代の目黒は本当の田舎だった

僕はこちらに移住するまでは東京都の目黒区に住んでいました。駅でいうと東急目黒線の「武蔵小山」と東急東横線の「学芸大学」を使っていました。JR目黒駅から目黒通りで権之助坂を下って、寄生虫館の辺りからずっと上り、目黒郵便局を左に折れて少し行った目黒本町に住んでいました。

当時はランニングに力を入れていましたので、品川区寄りの目黒区東を走り回り、地名や土地の高低差、雰囲気をかなり知ることができ、「目黒の秋刀魚」を演じるときの参考になっています。

今でこそ目黒はしゃれたスポットで高級住宅街になっていますが、噺の舞台になった江戸時代は本当の田舎でした。

江戸時代の繁華街は僕の生まれ育った下町といわれる浅草を中心とした地区でしょうし、「下町」は「城下町」から転じたといいますが、お城の近くが本当の下町だとしても神田の近辺がそうで、いずれにせよ、渋谷や目黒、そして四宿の一つの新宿も田舎であったと落語の世界では話されます。噺家の言うことですから厳密な学説とは違うかもしれませんので、責任は持てませんが。

学芸大学駅の近辺には、鷹番という住所があります。その昔、鷹匠《たかじょう》が住んでいて、お殿さまやお侍さんが鷹狩りをした名残だと聞いています。そうしますと、やはりこの辺りは広い土地で、「目黒の秋刀魚」にあるように田園も広がり、お百姓さんもたくさんいる地域だったんだろうと想像します。

目黒区から世田谷区にかけては下町の小さな住宅とは違い、大きな邸宅が多く、畑も多い土地で、ジョギングをするたびに僕の育った埋立地でその昔、長屋が密集する地域とは街の成り立ちが違うんだなと感じていました。鷹狩りなんて本の中でしか知らなかったけど、本当に昔はこの辺りでされてたんだな、そんな風に思い、「目黒の秋刀魚」を演じるたびに、興味と想像が湧いてきました。

殿さまを役者で立体化してみたい

そこで僕は「目黒の秋刀魚」の世界を違った形で表現してみたいと思い、演劇用の台本を書き始めました。２０１7年のことです。

政治家の世襲が進み、庶民とかけ離れた発言をするときに「あの人はお坊ちゃんだ、お殿さまだ」と聞き、「目黒の秋刀魚」のお殿さまが浮かびます。志村けんさんのバカ殿ほどではありませんが、組織のトップに立つ人の金銭感覚や倫理観の欠如を感じるときに、「殿さま感覚」「殿さま商売」って何だろうと考えます。じゃあ、落語ではステレオタイプになりがちな殿さまを役者さんで立体化してみたい、そういう気持ちでした。

僕は「柳家東三楼一座」という一人の劇団を作って、役者さんやスタッフを集めて学芸大学駅前の千本桜ホールで落語と演劇と映像を合わせた公演を打ちました。「目黒の秋刀魚」と「品川心中」を解体してストーリーを変えて、実験的に演劇と映像で捉えたい。そして僕は古典落語を演じる。うまくいったかどうかは、まあ、内緒にしたいですが、新しい視点を自分の中で作れました。

ニューヨークにもいよいよ秋が到来

ニューヨークにも秋の足音が聞こえてきました。今年も「目黒の秋刀魚」の季節到来です。州のトップは変わりましたが、皆さんは落語に重ね合わせますか。アメリカは、ニューヨークは、江戸時代や日本のお殿さまのような政治家とは違いますか。僕はもっとこの国、この街を知って、落語に還元していきたい。

そう考えると、もっともっとニューヨークの街を走っていかないと、と目黒の街に重ねてしまいます。バックヤードで秋刀魚焼いたら、大家さん怒るかなあ。

(19) 前座修業

東京の落語界には階級制度があり、「前座」「二ツ目」「真打ち」と3段階あります。これは江戸落語だけで、上方落語界にはありません。そして僕の所属する落語協会と落語芸術協会、立川流、円楽党で昇進の基準やシステムは違います。さらに、入門した師匠や一門によっても修業は違ってきます。

見習い前座時代

僕は1999年5月3日に三代目柳家権太楼に入門しました。当時は師匠の師匠の五代目柳家小さんも存命でしたので、僕は柳家一門の前座として、権太楼の弟子として、そして落語協会員として前座修業をしました。

うちの師匠に入門して数カ月は毎朝9時に師匠宅に修業に行くのに自宅から地下鉄で通っていました。しかしながら前座見習いが終わり、寄席での修業も始まると日をまたいで修業が終わることも多くなり、板橋の師匠宅近くに3万5000円の風呂無しトイレ共同のアパートを借りることになりました。

それまでは母に学生のように起こしてもらっていたのが、初めての一人暮らしで自分で起きることになり、途端に遅刻ばかり。時間を守れないのは即クビにつながるので、僕は毎朝、当時付き合っていた彼女に電話で起こしてもらうことにし、なんとか乗り切ろうという作戦にしました。彼女のおかげで遅刻は減り（たまに10分くらい踏切のせいにして）、クビは免れていました。

前座の初めは本当に覚えることが多いのです。落語はもちろんですが、着物の畳み方、太鼓、楽屋内の規則、師匠方のお茶の好み、その他4つの寄席の中の細かいこと、それはそれは暗記が多く。師匠方の着物の着付けも一人ひとり、襦袢《じゅばん》や下じめ、帯など出す順序、タイミングが違うのです。お茶の濃さ、温度、場所なども違い、それらをノートに細かく書き、絶対に間違えてはなりません。噺家のルールでは一番下の一番何も知らない者が全ての作業をするので、入りたての新人前座は頭も体も休む暇がありません。

不眠不休の修業と夜遊びで3度の入院

寄席が夜席に配属されると朝師匠宅に9時に行き、3時半まで家事や雑用、車の洗車と、毎日よくあるなというくらいにやることがあります。終わって寄席に移動し、4時半から9時まで楽屋で働き、終わってから初日、中日、千秋楽は居酒屋などで打ち上げがあり、ここでも店員さん以上に気を遣って働きます。寄席は休みがないので、年末の数日以外毎日です。師匠宅も日曜は休みとなっていましたが、日曜は師匠について行く仕事があるので休みにはなりません。

僕は3年半の前座修業期間に3回入院しました。これは原因がわかっていて、修業の忙しさの中、夜中は仲間と朝まで飲んで、ほぼ寝ないで毎日修業をしていたからです。当時は携帯電話もそれほど普及していなく、うちの師匠は毎日寄席に出番があるのでサボれない。師匠宅の修業もなく、師匠が寄席に出ない前座は適当に修業して、遊んでいるように見えて悔しい。その悔しさを晴らすように、毎晩先輩や後輩と上野や浅草、新宿、池袋と寄席のある街で夜な夜な遊んで、体を壊しました。

自由を手に入れた日

人生で一番うれしかった日はいつかと考えると、僕ら噺家は必ず「二ツ目になった日」と答えます。真打ちになるよりも、師匠宅へ行かなくて良い、寄席に行かなくても良くなる、自由を手に入れた二ツ目になった日です。ところがところが、そうなる途端に仕事がなくなり毎日毎日、暇な時間が続きます。師匠宅で頂いていたご飯もない。食えない。時間だけはある。そして、アルバイトをしようという了見はまるでない。

そんな二ツ目の生活は次号以降で書いていきたいと思います。真打ちまでの10年ちょっと、前座修業は終わっても芸はまだまだ修業期間。中途半端で実力世界の二ツ目時代。思い出すと、いろいろありました。

(20) 松本での独演会

厳しく忙しい前座修業が終わり二ツ目になると、生活がガラッと変わります。眠くて眠くて仕方なかった日々は、目覚ましはかけずに、いつまでも寝ていたいだけ寝ていられる日々になります。その代わり落語をする機会、すなわち収入を得るには自分で動かなきゃいけないのですが、仕事はなかなかできません。

僕は前座の時分に師匠について長野県松本市に行っていました。二ツ目になってからは学校や村の施設の小さな落語会に僕一人で呼んでいただいたり、松本落語会という日本で一番歴史のある会にも度々呼んでいただいていました。

その縁で松本駅前に新しくできるそば屋さんで年に4回独演会という名の勉強会を開いていただけることになりました。僕も二ツ目に成りたて、ご主人は退職したて、お店はできたてで関わる人全員が新しい気持ちでした。そしてお客さまも松本落語会のお客さまとは違って、数年に一度落語を聞いていた方たちが、毎回足を運んでくださいました。

その会に向けて僕は大ネタと呼ばれる演目も稽古して披露しました。真打ちがやっても難しい噺に挑戦することにしたのです。若いうちから取り組まないと、真打ちになってから熟成されない、そう思ったからです。

松本は冬が比較的長いので、冬の噺を多く仕込みました。芝浜、文七元結《ぶんしちもっとい》、二番煎じ、味噌蔵。いろんな噺をして、僕と共にお客さまも長い噺を集中して楽しめる修業を繰り返しました。お客さまはお金を払って修業、苦行する、とてもありがたい落語会でした。そして終演後の宴席ではおいしいおそばと土地で取れたさまざまな料理でおもてなしを頂く、とてもぜいたくな会でした。

国宝松本城での落語会

数年経って僕は8月に松本に行ったことがないことに気が付きました。その頃の僕は暇に任せてクラシックやジャズのレコードを集めて聴くのを密かな楽しみにしていたのですが、サイトウ・キネン・オーケストラを松本で見たいなと思ったのが発端でした。

松本のおそば屋さんをはじめ、ご縁のある方にお願いをし、サイトウ・キネンを見たいので交通費と鑑賞費だけなんとか落語会をして捻出できないかと相談しました。そしていくつか公民館や学童クラブでの話が決まった頃、国宝松本城の太鼓門(こちらも国宝)での落語会が決まりました。

真夏の噺「青菜」を披露

太鼓門は一般には公開されておらず、その落語会のために公開されることになりました。8月の暑い日でしたが門の中の会場は風が通り涼しく、いっぱいのお客さまはおのおの扇子やうちわを持参していましたが、とても心地良かったのを覚えています。そして僕は真夏の噺、「青菜」を思い切りやりました。

数カ月後の独演会の時に聞いたのですが、落語会を許可した松本市の職員さんは東京の文化庁かどこかの役所から「国宝で落語会なんかするものではない」と大目玉を食らったそうです。それ以来、太鼓門での落語会の話はきませんし、担当の方にお会いした記憶もないような。

松本には1週間ほど滞在し、大きな会場でのオペラと中くらいのホールでの室内楽、そして小さな会場でのピアノを聴き、落語会も3回して東京に帰って来ました。

二ツ目の10年ちょっとの間で一番多く訪れたのが松本市で、収入の無かった頃は本当にありがたかったです。文字通り本当においしいものを食べてご祝儀を頂いた話はまたいずれしますが、民藝に囲まれ、音楽やアートに囲まれ、自分の芸を広げようとしていた頃が懐かしいです。山賊焼や蜂の子なんて、さすがのニューヨークでも食べられないもの。安曇野の水で打った透明のそばも、あぁ、こう書いているとグラセンからヒョイっと「あずさ号」に乗ってと想像しますが、虚しいだけなのでやめておきます。

(21) 反対俥

落語の世界で車というと人力車のことです。文字通り人が力で引く車です。この反対俥《はんたいぐるま》という噺は病弱だったり、勢いが良すぎる俥屋さんに当たってしまったり、大変な思いをします。今で言うとハズレのウーバーやリフトに乗ってしまった感じでしょうか。

僕は京都で乗ったイケズなタクシーを思い出します。その時はしばらく京都の中京区に住むつもりで大きなスーツケースとバックパックを持っていましたので、バスや在来線はやめてタクシーにしました。

滞在先は壬生寺《みぶでら》のそばでしたが、僕の説明が気に入らなかったのか、京都のプライドなのか目的の長屋には着きませんでした。というのも「中京警察署」はナカギョウと読むのですが、僕は「チュウキョウ警察署」と読んでいました。運転手さんは「そんなとこ知りまへん」と言って南座をぐるっと回って、四条河原、大宮を通って二条駅に来ました。2000円くらいと思っていましたがその時点で3000円を超えています。「この辺りにチュウキョウ警察はありませんか」。僕が改めて聞くと「知りまへん」と言って駅前で止まってしまいました。中京警察署は目と鼻の先です。運転手さんは脳内で「チュウキョウ」を「ナカギョウ」に変換することはありませんでした。「中京」は「ナカギョウ」であってしかるべきで、決して「チュウキョウ」はありえないのです。

渡米前の運転免許合宿

その2週間後に初めての北米公演が決まり、僕が初めにしたのが運転免許合宿の申し込みでした。アメリカは車社会、そして旅先で大きな荷物を持ってイケズされるのはこりごり、自分で運転しなくっちゃ。

僕は京都滞在を短く切り上げて、合宿先の新潟へ向かいました。日本海近くの小さな町。新潟駅から30分ほどの小さな湖以外何も無い町。11月の半ばでした。18歳とか20歳くらいの若者に混じり、41歳の私は食堂でご飯を一人で食べていました。周りは楽しそうに交流しています。僕はマニュアルでの取得を選んだことを深く後悔し、カナダ、アメリカでの公演のためにオンライン英会話や英語の自習に魂を傾けていました。２０１７年の暮れ、北米へは18年の2月末から。その直前はセブ島の語学学校で合宿の予定です。

新潟の田園の中にある教習所。刈り取った稲は積み上げられ、その風景に多くの白鳥と溶け残った雪が白の印象を与えていました。なぜマニュアルにしたんだろう、半クラッチで8の字や縦列駐車のできない僕はハンコを教官から貰えず、半泣きで毎日を過ごしていました。唯一の楽しみはオンライン英会話でフィリピンの先生に雪景色を見せて驚かすくらいでした。

反対俥にならぬよう

そんなある日。教習の途中でどうしてもS字ができずにいると教官が「稲葉さあああああん」と叫びました。僕の本名です。その瞬間に田んぼにいた多くの白鳥が教官の絶叫で一斉にバタバタバタバタと飛び立ちました。冬の澄んだ空気の青い大空に、真っ白な白鳥が群れを成して飛んでいく。僕は運転するのをやめて美しいな、と見上げていると、教官は右手を目とこめかみに当てて、ダメだコリャといった趣で背もたれに首をもたげていました。

教習所も無事に卒業し、日本での免許が取れ、国際免許も取得しましたが、最初のツアーやその後の公演先、移住後のニューヨークでの生活は日本や東京での生活と変わりなく、地下鉄と公演主催者の運転で間に合っていました。

ところが公演先が増えるにつれ、車の必要性も感じ始めニューヨークでの免許の取得を決めました。しかしロードテストに2回落ち、3回目のテストがちょうどこの連載ページが読まれている今頃です。果たして良いご報告ができるのでしょうか。逆走して反対俥にだけはならないように祈るばかりです。

(22) 柳家小三治師匠

先日、現在、噺家では唯一の人間国宝(重要無形文化財)の柳家小三治師匠が、81歳で60年以上にわたる噺家人生を終え、旅立たれました。

僕が真打ちに昇進するときは落語協会の会長として記者会見や真打ち披露興行の口上にも並んでいただきました。同じ柳家の一門として、寄席や大きなホールでの落語会、旅先の地方での公演など、さまざまな思い出が沸き上がってきます。

小三治師匠は寄席の打ち上げでおいしいお店に連れていってくださった印象があります。上野は亀屋の鰻、新宿は長春館の焼肉、池袋は東急の上のかき揚げ丼、浅草だけ思い浮かばない。千秋楽はみんな荷物が多いからと9の付く日に出演者や前座、お囃子さんを連れていってごちそうしてくれました。20歳そこその若い前座にも亀屋のコースでお酒も鰻重も出てくる。噺家になって良かったなと毎日の厳しい修業の中でしみじみ思いました。そして小三治師匠と鰻の思い出はもう一つあります。僕がレギュラーで前座をしていた朝日名人会というホール落語会でのことでした。

暑い夏の楽屋で

その日のトリは小三治師匠で、うちの師匠権太楼も顔付されていました。会場は有楽町の駅前、銀座にある朝日ホールは６００人は入る大きなホールで、この朝日名人会は朝日新聞とソニーが名演を録音し、ＣＤを制作することを目的に開催される落語会でした。多くの名演を残し、今でも大人気の落語会です。

前座の高座を終え、師匠の着付けを終えて高座に送り出し、楽屋に居ました。前座の高座が終わったくらいに楽屋入りした小三治師匠はいつものように目深にハットをかぶり、黒の太めのスラックスに藍染めのシャツを着て、そっとやってきました。

暑い夏、冷房を嫌う小三治師匠対策で部屋の温度を上げて、空調も風があまり出ないようにホールの係の方へお願いしたように思います。お茶を出し、小三治師匠が高座で使う高価な湯呑みをひもとき、箱から出していました。その日の演目の「鰻の幇間《たいこ》」の大学ノートを広げ、「こんなこた、家でやってくりゃいいのに、ったく噺家てえな、これさえなけりゃ良い商売なのになあ」と取り巻きの記者さんにそう言いました。少し機嫌悪そうで、僕は湯呑みを持ってさっさと楽屋を去ろうとしていました。

高座は私の師匠、楽屋のモニターで熱演が見られます。すると小三治師匠が、「お前はどこの弟子だ」と僕に聞きました。寄席や他の落語会でも何度もお会いしているし、番組表にも名前は出ているのに、わざとらしいなと思いながら、「はい、今高座におります権太楼のところの、ごん白です」と答えると、「お前の師匠は何をどう考えて、こういう噺に行き着いたんだ」と聞かれました。入って数年の前座にそんな事聞くかねえ、前座の弟子が師匠の落語なんてわからないし、と思いながら、「すみません、わかりません」と答えると、「師匠の芸もわからねえのに弟子やってるのか」と言われ、下を向くと、「お前の師匠はどういう風に考えて、どういう風に生きてきて、ああいう芸になったかわからないのか」とそこからしばらく小言のような、言いがかりのようなものを頂きました。

小言の後に見せた名演

なんでえ、噺の稽古してこなかったから、腹いせに前座に小言言うなんて、理不尽だぜ、と思いながらおりました。そしてトリの小三治師匠の高座「鰻の幇間」。それはまあ、落語史に残る名演でした。

噺の後半で幇間が店に小言、説教、文句を言います。客席のウケ方といったら。そう、その部分を楽屋で僕を使って稽古されてたんですね、小三治師匠は。その録音は発売されていますし、出囃子や追い出しの太鼓は僕です。興味のある方は探してぜひお聞きください。もう20年近く前の話で、その小言の後で小三治師匠には旅の仕事に連れていっていただきました。

(23) ニューヨークシティーマラソン

2年ぶりにニューヨークシティーマラソンがフルで開催されましたので、応援に行ってまいりました。友人の旦那さまが毎年出てらっしゃるので、その応援です。大勢の仲間や家族で応援してからコリアンタウンで焼肉を食べてレースを頑張った人、応援を頑張った人を労うのが毎年の恒例です。去年はできませんでしたので、今年は格別です。

皆さんはフルマラソンと聞くと何を連想されますか。そして、挑戦したことがあったり、出場してみようと練習をしたことはありますか。僕は3度フルマラソンは完走していて、35キロの山上りレースの青梅マラソンも完走しています。今はだいぶ体重が増えてしまってランニングはサボり気味ですが、真剣に始めた30代の最初はランニングの練習とレースで、本当にスリムになりました。

失恋を忘れるがために

事のきっかけは失恋でした。32歳、その時はヘビースモーカーで一日にマルボロゴールドを1箱は吸っていました。お酒を飲むともう1箱。そんな僕は失恋をし、悲しさから抜け出せずにいた時にふと思い立ちました。

「禁煙をすれば、ニコチン欲しさが、失恋の苦しみを上回るのではないか」。予感は的中しました。ニコチン中毒の発作で見事、フラれたことは忘れて、毎日毎日、タバコのことばかり考えるようになりました。次にふと浮かんだのが、村上春樹さんのエッセーでした。同じく32歳くらいでタバコをやめ、マラソンを始めたと。これはやってみるしかない。

当時僕は後楽園の東京ドームの近所に住んでいたので、隣町の神田神保町にたくさんあるスポーツショップでジョギングシューズやらシャツ、パンツを買って走り始めました。後楽園は走る環境が整っていました。足や肺が走るのに慣れるまでは本郷の菊坂を上がって(かつて多くの文豪が住んでいたところです)、東大の周りをぐるぐる、下に降りて上野公園や不忍池をまたぐるぐる。数キロ走れるようになった頃、神田を抜けて皇居まで行き、5キロの皇居を走れるように毎日練習しました。

初めてのフルマラソンに挑戦

ジョギング、ランニングを始めて少しした頃、新宿を拠点にする雑誌社から新宿シティーマラソンの10キロの部門に出ないかと誘われました。編集部員と一緒に雑誌社のシャツを着て走る企画です。10キロ60分を目標に走り、なんとか達成できました。その折の打ち上げが転機でした。

北海道は札幌から来ていたレースチームの代表が落語ファンで、彼らが主催する豊平川市民マラソンにゲストランナーで出て、フルマラソンに挑戦しないかという誘いを受けたのです。しかもフルマラソンの直後に独演会も用意すると。いやいや、独演会はいらないのですが、と思いつつ引き受けてしまい、さらなる練習の日々が始まりました。毎日10キロ走り、週に何度かは15キロ。体重は減り、足首やふくらはぎが締まり、肺が健康になったように感じ、タバコをやめて数カ月、ランニングのおかげで失恋のことはすっかり忘れていました。

最初のフルマラソンは5時間15分で完走でした。スタート当初10分くらいはランナーが詰まって走れなかったので、もう少し早かったかもしれませんが、5時間は切れませんでした。そして、完走後の落語会は何の支障もなく終えました。

フルマラソンで使う体力と落語で使う体力はまるっきり違うというのが分かりましたが、何しろレースが終わってもビールが飲めないのがつらかった。

そんなわけでして、いまだにタイムや走力は梅以下なのですが、長距離のレースはとても好きです。20代の僕からすると、フルマラソンに挑戦したり、ニューヨークに住んだりと想像できない人生を歩んでおります。いつか僕もニューヨークシティーマラソンを完走したい、そう思ってまた練習します。

(24) 平林

「たいらばやしか、ひらりんか、いちはちじゅうの、もくもく、ひとつとやっつでとっきっき」「平林《ひらばやし》」という名前の読み方がわからなくなってしまった小僧の定吉。方々で読み仮名を尋ねるとみんないい加減なことばかり。「この暑さで気でも違ったのか」「いいえ、字が違います」。そんな粋なオチ。

「平林」の「平」と「林」を分解すると、ひらりん、いちはちじゅう、ひとつとやっつなどいろいろな読み方ができます。この噺をキッズの中級クラスで数カ月お稽古していました。漢字には音読み、訓読みがあって、分解して読むと面白い、日本語って楽しいと思って落語に取り組んでもらおう、そんな作戦です。

日本語は漢字、ひらがな、カタカナを使います。漢字は音読み、訓読みに加えて一緒にくっつく字によって読み方が変わります。「たいらばやしか、ひらりんか、いちはちじゅうの、もくもく、ひとつとやっつでとっきっき」。子供たちはリズムでまず覚えます。その後で漢字を見て理解します。寿限無もそうですが、まず音で覚えてから意味を知る。4歳のひらがなが読めない子も落語のリズムでどんどん日本語を覚えていっています。「日本語は難しいから嫌だ」を「難しいから楽しい」と思うにはどうしたら良いか、それには落語が良いように思います。

噺家の誇り高き芸名

現在オンラインの落語のクラスは子供の中級、初級クラス、日本のクラス、大人のクラス、シリコンバレークラスとあり、35人くらいが毎週それぞれのクラスに参加しています。皆さん「ざぶとん亭○○」で芸名をつけていまして、みんな本名は知らずに芸名で呼びあっています。それぞれ個性的な名前をつけて、落語をするときだけは違う人格になる、芸名はそういう役割があります。その分、プロの噺家は名前に対するプライドは高く、間違えられるのをとても嫌がります。

私の芸名「柳家東三楼」ですが、本当によく間違えられます。よくある間違いは「東三桜」です。「楼」の字を見た目が似ている「桜」にしてしまうのでしょう。しかし「ろう」を変換するのに「おう」と読む「桜」に変えるのはなぜなんだろうと不思議です。「とうざぶおう」と最初から読んでいるのでしょうか。

次に多いのが「柳家」が「柳屋」または「林家」になるパターンです。これはなんとなく分かります。「や」を音だけで変換したパターン、またはテレビでよく耳にする「林家」だろうと思い込んでいるパターン。

そしてもう一つ気になるのが「柳家さん」と呼ばれることです。僕らの世界は下の名前で自分を認識しているので、「柳家さん」「三遊亭さん」「笑福亭さん」などと呼ばれるのを非常に嫌がります。海老蔵さんを「市川さん」と言わないのと一緒です（多くのメディアは市川さんを使ってますが）。

日本語の名前は面白い

先日来たメールの僕の名前に驚きました。「林屋桜山郎様」。誰ですか(笑)。1つも合ってない。「はやしやおうざんろう」って読んだんでしょうか、書いたんでしょうか、「柳家東三楼」の跡形も残っていない「林屋桜山郎」。なんだかお奉行所の御白洲《おしらす》で片肌脱いで桜の入れ墨を出しそうな名前。こういう事例が出てくると、アルファベットでローマ字読みなら「とざぶろ」程度に音が短くなりますが、正解には近いような気もします。「とうざぶろう」を「おうざんろう」で我慢するか、「とざぶろ」で我慢するかとなると、僕は「とざぶろ」の方がいい。

日本語で名前を持つって、改めて面白いなと感じました。ここに来て今はキラキラネームというさらに読み方を混乱させせようというブームもあるそうで。元祖キラキラネームの寿限無を作り出した落語界からは名前について文句は言えないような気もしますが、「林屋桜山郎」だけは勘弁してください。「字が違います」と平林になぞらえて、返信しました。

(25)「死神」の稽古

これまで落語の稽古は一対一で先輩や後輩とプロ同士でしてきましたが、噺家以外の方の演じ手も増やそうと個人のオンライン稽古を始めました。

最初は、コロナの自粛もあり息子さんが部屋で楽しめる習い事としてのお問い合わせがあったのですが、なんと子供さんはあまり興味を示さず、お母さま本人が落語をしてみたいということになりました。9月の終わり頃です。

子供、大人のオンライングループレッスンは今年の春よりしてきましたが、一対一での定期的な稽古は初めてですし、その方も経験がなかったので、まずはオンラインでの面談から始めました。そしてご希望をお伺いすると、芸名は「手金亭ねこ蔵」、稽古する演目は「死神」となりました。

僕の教えている方は基本的に「ざぶとん亭」を付けていますが、お名前がテキンさんなので「手金亭」にしたいとのこと。それは自由でいいのですが、驚いたのが「死神」をやりたいとのご希望。前座修業からみっちりやってステップアップして真打ちで「死神」まで辿りついたプロの身としましては、とても不安です。「寿限無」あたりから、そう喉元まで出かかりましたが、「まあ、趣味の世界、堅っ苦しいプロの流儀は無粋かな」と思い、引き受けました。

今人気のある古典落語の演目

「死神」は明治期に落語の神様、三遊亭圓朝師匠がグリム童話から翻案したと言われています。じっくりやると30分はある大作です。僕も移住前の最後の築地での独演会ではトリで「死神」を演じ、現在は英語版「死神」に取り組んでいます。そしてアニメの『昭和元禄落語心中』や米津玄師さんの曲で取り上げられて動画の再生が2000万回を超えるなど、今、古典落語の中でも一番人気と知名度のある噺です。

まず最初の稽古は昭和期に「死神」を練り上げた名人、三遊亭圓生師匠の動画と僕が以前に使った台本を元に、ねこ蔵さんに合うように台本を書き換える作業から始めました。

言いにくいところは別の言葉に変え、人物造形をどうするか話し合いました。われわれプロがする一対一で座布団に座って一席聞いて覚えるという稽古とは丸っきり違います。いわば、オーダーメイドの稽古です。

そして、台本の奥、または裏にある主人公の感情や台本のセリフとセリフの間のつながりを精読しながら、上下の付け方、アクセントや言い回しを直し、稽古を進めました。

ねこ蔵さんは熱心でした。毎回録画した動画のリンクを送るのですが、毎回僕の指摘した箇所はおさらいし、次の稽古までには直していました。そして、枕をオリジナルでこしらえたり、意味や内容がお客さんに伝わらなそうな部分は洋服のツギを入れるように直しました。僕のアドバイスを応用し、自分なりのセリフを体に落とし込んでいるようでした。

「『寝床』って落語知っていますか」。ある日僕はそう言いました。「稽古してると『死神』を人前で発表したくなりますよ」。

僕がそう言った通りにねこ蔵さんからメールが来ました。「師匠、今度の水曜日、発表会をします」。どこか料亭でも借りて開催しますか、と言いたいところでしたが今の状況、そしてねこ蔵さんはカリフォルニア在住、私とＺｏｏｍで２人だけの寝床の会になりました。そして、ねこ蔵さんは生き生きと「死神」を30分演じました。

落語は世界とつなげてくれるもの

落語は人生のさまざまな場面を描いています。「死神」は死生観や金銭にまつわる古今東西変わらない人情を描いているようにも思えます。落語を聞いて楽しむだけでなく、演じて楽しむ方がアメリカにも増えていったらうれしいなと、活動しています。

最初は子供も大人も恥ずかしそうにしていたのが、稽古3回目くらいから楽しそうな笑顔を見せる瞬間がとても好きです。先日インタビューで「師匠にとって落語とは何ですか」と聞かれましたが、「世界とつなげてくれるもの」と答えました。人生の内面にも、そして多くの人ともつなげてくれる、落語無しでは生きられない人生です。

(26) 落語界の変異株

マンハッタンで最後に落語をしたのは昨年2月でしたが、先週の日曜日にパンデミック以来初めてお客さまを前にしての独演会をしました。

E53ウェルネスで本年春よりフィジカルセラピーを受けていました。自宅でのオンライン公演が増え、狭い自宅で工夫をしながら高座を作り、Zoomで公演したり、録画したりしているうちに背中と首に痛みが生じて、セラピーとピラティスに通っておりました。

いつしか体も治って、「パンデミックも落ち着いたらここで落語をしてみたいです」、そう話していたのが実現しました。そしてなんと今回は2公演連続で、最初の回は英語2席、英語だけの独演会をすることを決意しました。20数年前に噺家として師匠に入門したとき、45歳になった自分がマンハッタンで英語だけで独演会をすることになろうとは、つゆも想像していませんでした。

挑戦しないことには何も始まらない

終演後、ニューヨーカーのおじさまのお客さまに「君の英語は問題ないよ。もっと子供とかおじいちゃんおばあちゃんなんかにも聞かせるといいね」と言われました。

そして「映画とか、他の表現とも違ってすごく面白かった」と。大変にうれしい言葉です。やはり何事もやってみることから始まる、挑戦しないことには何も進まない、そして英語で芸に挑戦するのに年齢は関係ない、と身をもって感じ入りました。正直言いますと、42歳で英会話を始めるまではほとんど英語を喋ったことがなく、大学受験は読んでマークシートを塗るだけしかしてきませんでした。

そして古典落語の世界では英語はおろか、江戸時代にないカタカナ語、そして町民が使わないであろう漢語も使ってはいけないと教育されてきました。例えば「計算する」は「勘定する」といったように。そしてかごに乗って移動していた古典落語の世界から、手拭いをスマホに見立ててUb erで移動する世界にやって来たわけです。

今回は古典を僕なりに現代のアメリカに翻案した古典と古典落語の長短にインスパイアされたオリジナル英語落語の2席をしました。これは大冒険です。日本でも大して新作落語はしていなかったのに、新作英語落語をする、これもまた大きな挑戦でした。

日本語での公演では、「時そば」と「目黒の秋刀魚」の2席で、お客さまには日本の食べ物が恋しくなるように企みました。なんといっても落語の大きなテーマは「寒さと飢え」を描くことです。とても寒かった江戸の街を描く、そして食べ物をいただく喜びをお客さまに感じていただく。

新作英語落語は「I Love Ramen」。こちらも日本人とアメリカ人のラーメンの食べ方に焦点を当てた食べ物の噺。落語の醍醐味である食べ物を食べる仕草を存分に味わっていただく、そう望んだ会はありがたいことにご好評を頂き、1年9カ月ぶりの生での独演会は無事に終了致しました。「なんだか秋刀魚とそばが食べたい、ラーメンをすすりたい」。そう思っていただけたようです。

RAKUGOを広める野望を胸に

本当にありがたいことです。そしてそして、落語会が終わった途端にまた新たな変異株が出てきてしまって、ライブはまたできないかもしれません。

それでも僕は変異株を恨みません。噺家で海外に住み、英語でRAKUGOを広めようとしている者は僕しかおらず、これはもう「あたしゃ落語界の変異株」とネタにして生きておりますので。

でも皆さん、落語ウイルスにかかると世界の見え方が変わって面白いですよ~、と宣伝しておきます。落語は人生のあらゆる場面を描いています。変わらぬ人情を江戸を舞台に表現してきました。そして落語にある変わらぬ人情を、英語やアメリカや世界に舞台を変えて花を咲かせよう、というのが僕の夢であり野望です。

どうかニューヨークやアメリカに住む皆さまは、その僕の挑戦の目撃者になってください。変異株として、世界の変異株と戦ってこれからもやっていきます。

(27) 東レの着物革命

先日マンハッタンにて、ジャパニーズ・ケミカル・メーカーズ・クラブさまのホリデーパーティーで一席落語をさせていただきました。実際のパーティーの場での落語は2年ぶりくらいでした。その折、東レの方とお話しさせていただいたこともあり、お客さまからよく質問される「着物の手入れはどうしているのですか」ということに関しましてレポートできればと思います。

舞台衣装にまつわる 落語家の苦労

まず私たち噺家が高座で着る着物ですが、前座さんは化繊、ポリエステルの洗濯機で洗える着物です。木綿を高座で着ることもありません。たいがいは浅草の踊り用品のお店などで吊るし(文字通りハンガーに吊るしてある）の着物で1万～1万5000円くらいで買えます。また先輩からも代々受け継がれる着物もあります。

二ツ目に昇進すると正絹《しょうけん》の黒紋付や色紋付、またさまざまな反物で着物をあつらえます。これは全てオーダーメード、金額もぐっと上がります。一流ブランドのスーツの仕立て以上はするでしょう。そしてお手入れが大変です。もちろん洗濯機で洗えませんので、汚さないように奇麗に着るように心掛けます。

まず舞台衣装で食事には出掛けませんが、パーティーなどへは着て行きます。絶対に食べ物が付かないように細心の注意を払いつつ涼しい笑顔で列席します。どうしても落語をすると襟は汚れますので、襟だけは夏が終わったりや衣替えの時期に京都に洗いに出します。数年着て全体的に洗う時は洗い張りとなり、値段は数万円になります。

といいますのは、洗い張りは、いったん生地の糸を全部ほどいて洗い、また元通りに縫い直すからです。ですから、そうそう洗いに出すわけにもいきませんので、普段から汚さない工夫がいるのです。

私が入門した1999年当時、私の師匠は二ツ目、真打ちは洗える着物を着てはいけないと言っていました。その時は神楽坂にある「英《はなぶさ》」さんがとても質の良い洗える着物を出していて、発色も良く、多くの師匠方が着初めていました。

僕はお客さまから御祝儀に英の着物を送りたいと言っていただき、着物を2枚、長襦袢《ながじゅばん》を1枚頂きました。合計で25万円くらいだったと思います。師匠には内緒でしたが、師匠の前で着ていても洗える着物だとバレませんでした。そう、技術は大変に進み、洗える着物を着ていても、正絹に見えるのです。そして高い洗い張りに出さなくても、洗濯機でジャブジャブ洗えるのです。

私の師匠も数年後に洗える着物を導入して以降、正絹と併用するようになり、だんだん正絹はテレビやここぞという高座の時に着るようになりました。その分、師匠の着る正絹は大変高価であります。

東レの着物との出合い

ある日、僕は紹介を受け、馬喰町《ばくろちょう》の着物屋へ行き、東レの最新技術であつらえる洗える着物に出会いました。

英さんのとも違う発色と種類の多さで、とても驚きました。そして値段も若干安い。僕は色紋付と長襦袢2枚を注文しました。

そして第1回目の北米ツアーはこのセットで回りました。薄紫の色紋付です。アメリカの洗濯機や乾燥機に入れても全く問題ありません。これまで苦労して身に付けた着物を汚さずに落語をする、食事をする、という奥ゆかしい習性は全く要らなくなりました。

しかしです、ひとつだけ難があります。このように寒い冬になり乾燥してくると（アメリカは日本より随分と乾燥しています）、洗える着物は静電気が強く発生します。公演後に脱ぐとビチビチっときます。高座に影響はありませんが、落語の後で着物はスルリと気持ち良く脱ぎたい。

不思議なもので日本の着物は、湿度の多い日本ではかびる心配がありますが、乾燥しているアメリカの方が保存しやすい。こう考えると、正絹の着物の保存、洗い張り、洗える着物の洗濯機への耐性としても、着物を着るにはアメリカの方が適しているようにも思えます。

冬の時期の静電気を我慢するか、東レさまが頑張ってくれるかすると、アメリカは着物に最適の国ということになります。東レさま！期待しています！

(28) 御慶

皆さま、明けましておめでとうございます。

お正月が出てくる噺はあまりなく、「御慶」が代表になりますでしょうか。

この「御慶」という演目は年末に富くじが当たり、正月を迎えるという大変に縁起も景気も良い噺です。

動画サイトで見られますので、この正月に(芸人は一月いっぱいを正月と言います)、五代目小さん師匠や志ん朝師匠の「御慶」を聴いてみてください。後半はばかばかしいです。

私たち噺家という商売を先輩、師匠方はいろいろな言葉で表現します。いわく「縁起商売」だと。そんなところから、縁起を担いでこの「御慶」は誕生したのかもしれません。

この噺を正月にごひいきのお客さまのお宅に招かれた時に演じると、「ご祝儀」「お年玉」が景気良くなるでしょう。

そうわれわれの商売は先輩が言うように「ご祝儀商売」なのです。お正月はご祝儀、お年玉が乱れ飛ぶ、大変な時期です。私たち芸人はお年玉はもらうこともありますが、寄席で働く前座さん、お囃子さん、従業員さんにとにかくお年玉を配りまくる、そんな時期なのです。

前座の正月の楽しみ

ツラい前座修業で何が楽しいかというとそれはお正月です。なぜかと言いますと、前座さんとお囃子さんは会った師匠や二ツ目、色物さんからお年玉をもらえるからです。一人からの額は千円ほどですが、僕の所属する落語協会では300人以上の方からもらえるので、一般的な子供のもらうお年玉の何倍も懐に入るわけです。年齢に関係なく年下の先輩もくれます。そして僕が前座の時は50歳近い前座がいて、20歳そこそこの二ツ目になりたての先輩が「ほいよ」と小さな祝儀袋を渡していました(現在、落語協会は30歳以下という入門の年齢制限があります)。

しかし、これは単なるお金の前借りにすぎません。なぜなら、二ツ目に昇進した途端から死ぬまで、毎年正月には何十人もの前座、お囃子さんにお年玉を差し上げなければならないからです。毎年3~4万円くらいにはなるでしょうか。そして現在落語協会は年齢制限ができ、見習いから前座になるまでも一年以上待つくらい人気があり、前座さん、見習いさんはたくさんいます。そして、寄席以外では協会以外の前座、お囃子さんにも会います。

夢を新たに迎える新年

僕が前座になって初めて迎えた正月元日からの初席興行でした。僕は浅草演芸ホールの昼間に配属されました。1月3日に演芸ホールからテレビの生放送があり、普段は寄席に出ない芸人さんがたくさん来ました。そして、その中で前座にお年玉をくださる方がいらっしゃったのです。その方はケーシー高峰さん。下ネタがきついので、噺家の名人と言われる師匠も「ケーシーさんの前に上げてくれ」と頼むくらいに、客席をひっくり返します。

そうやって噺家に恐れられるくらいですが、寄席の楽屋のルールは熟知されていて、前座お囃子へのご祝儀やお年玉はご存じなのでした。立すいの余地がないどころか、入口まですし詰めのお客さまを地響きがするくらいに沸かせて、2階の色物さんの楽屋へ帰ったケーシーさん。一番下っ端だった僕が「お疲れさまでした」とお茶を出すと、「ご苦労さん、前座さんとお囃子さん何人なの」と訊くと、お年玉を人数分くれました。

立て前座という前座のトップに渡すと、それぞれに配られました。そして夜、アパートに帰り、一つずつお年玉袋を楽しみに開けると、ケーシーさんの袋には1万円入っていました。「テレビの世界って寄席の10倍ももうかるのかなあ」、そんな風に思ったものでしたが、今になってみると10倍以上だし、アメリカのテレビや動画配信サービスならさらにです。僕もたくさんお年玉をあげられる人になるぞ、と襟と夢を新たにし新年を迎えました。御慶。今年が皆さまにとりましても、僕にとりましても素晴らしい一年になりますように、今年も縁起を担いで生きていきます。

(29) 浅草キッド

「浅草の観音様に泥棒が入ったって話がありまして。あそこは皆さんご存じのように仁王様が門番をしております」なんて小噺をしますが、皆さんは浅草をどれくらいご存じでしょうか。

浅草は明治、大正、昭和と歓楽街として大変に栄えましたが、山手線の駅を作るのを拒み、東京がより都市化するに従って他の観光地や遊び場が増えるにつれ、観光客は下火になったと言われてきました。それでもつくばエクスプレスができ、地下鉄が私鉄とつながり、浅草の人出も増えてきたようです。そして時代が変わろうと、われわれ寄席芸人にとりまして浅草は演芸のシンボルであることには変わりません。

浅草は以前にも書いた通り思い出深い場所です。映画の舞台になるストリップ劇場のフランス座。今は無くなって東洋館という漫才中心の演芸場になっていますが、もともと1階2階の浅草演芸ホールと経営する会社が同じだったのです。ですので、演芸ホールの楽屋裏は階段でフランス座とつながっており、先輩が暇を見ては上に遊びに行っていました。まあ、噺家の前座は裏の階段から上がってストリップの楽屋をすり抜け、客席でタダで観られたわけです、安っぽい着物を着たままで。

フランス座での思い出

高校2年になる前の春休みでした。僕は地元の友人を誘って浅草まで自転車で行き、浅草演芸ホールで落語を見ようと誘いました。ところが。友人がフランス座のテケツ(切符売場)で「おい、フランス座、学割利くぞ。落語よりこっちにしよう」と言い始めました。僕を含めて3人、残り2人はストリップ派、落語を見たいのは僕だけでした。聞くと学割は大学生以上で16、7の僕らは使えませんでした。しかし友人たちはすっかり行く気になっています。18歳以上でないと入れないし、高校生とバレているのにテケツのおばさんにどう言ったのか、一般料金で入れるよう友人は交渉しました。しかも「お触りもあるらしいな」と意気揚々とエレベーターに。

僕にとっては渥美清さんやビートたけしさん、浅草キッドが修業したエレベーターだ、ストリップの幕間のコントに期待しようと思い直しました。結果、3000円に見合った物を見た気がしなかった僕は、お触りして満足げの友人に、演芸ホールに行けば良かったと文句を散々言いました。

時は流れて、前座修業に入り、月に半分くらいは浅草に行くようになりました。そして楽屋はフランス座とつながっています。前座で後輩ができたら上に階段で上がってみるか、と思っていた2000年、前座2年目にフランス座は東洋館に変わりました。

そして真打ちになり正月初席という元旦からの興行では、渡米まで僕も出演させていただいていました。出番は笑点でおなじみの木久扇《きくおう》師匠の後で、満員のお客さまがドッと笑って、お弟子さんがすごい勢いで木久蔵ラーメンを売った後でしたので、僕の噺なんか誰も聞きません。それでも短い新年の初高座を楽しみました。

懐かしき浅草の風景

新作映画の『浅草キッド』を見ました。高校生の頃から噺家か漫才師になりたいと憧れていた僕は、ビートたけしさんの小説『浅草キッド』もお弟子さんのコンビ「浅草キッド」も憧れの的でした。来る日も来る日も演芸のことばかり考えて、昭和の演芸の世界を空想していました。

今回の『浅草キッド』は、たけしさんが修業されていた頃の浅草がものすごくリアルに再現されていて、そして、深見の師匠の昔カタギの不器用さが出ていて、心打たれました。今は激安ショップに代わってしまった演芸ホール、フランス座の前が見事に昭和になっていて、どうやって撮ったんだろうとジーッと見入りました。さすがネットフリックス、関東近郊に全てセットで浅草を再現したといいます。正直に言うと今の浅草は近代的に過ぎるので、そのセットがテーマパークになってくれたらなあと思いました

浅草にちなんだ芸人や演芸場をモチーフにしたテーマパーク。皆さん、ご存じのように浅草の町には伝説の芸人の看板が街灯に飾られていて、って、皆さんご存じですかね。日本に帰りたいとは思わないけど、浅草はたまに帰りたいです。

(30) 宮戸川

現在オンラインで落語のお稽古をするクラスが5つあるのですが、2月5日にZoomで発表会をすることになり、これまでのEメールに加えて、グループLINEでも連絡や質問ができるようにしました。

そして、そこで問題は発生しました。金曜日に開いている大人のクラスのグループLINEを作り、クラスの皆さんを招待しました。しかし、普段から個人での返信はきちんと早めに返してくださるメーン州の方がグループでは何の反応もありません。どうしたんだろうと思っていると、「私、落語のグループに入ってるけど大丈夫?」と20年前に別れた元彼女からLINEが来ました。そう、メーン州のお弟子さんと元彼女は同じ名前で、アルファベットでHIROMIと登録されているので、僕は勘違いしてグループに元彼女を招待していたのです。それでは反応はないはずです。

彼女との出会い、そして別れ

その彼女とは大学の入学式で出会って、一緒にサークルを回っているうちに親しくなり、付き合うようになりました。僕にとっても彼女にとっても交際は初めてで、その関係は僕が噺家になって3年、二ツ目になる直前まで5年以上続きました。お互いの両親や兄弟も十分に知り、周囲からはいつか結婚するのだろうと言われていましたが、２００２年のバレンタインデーに別れました。その後も数年はお互いに恋人が出来ても年に数回は二人で会い、食事をしたり映画を見たりと親しい友人としての交流はありましたが、いつしか一緒に所属していた大学の野球部の集まり以外では会わなくなっていきました。

数年前のある日でした。突然彼女が落語会に現れて終演後の楽屋口で「話があるの」と真剣な眼差しで僕を見ます。ああ、これは結婚の報告だなと思いましたが、そのある報告に、どうにも答えられずに、それ以来彼女には会っていませんでした。こんなに長い期間その彼女に会わないことはなかったのですが、移住やらなんやらでそんなことは気にも留めず、彼女のＬＩＮＥアカウントを知っていることすら忘れていました。

そして、このたびのグループＬＩＮＥ、僕は「ごめん、間違った」とだけ送ってそのままでしたが、彼女からは「新年おめでとう」のメッセージがスタンプで来ました。それにも返信していません。しかし。なんだかどうにも彼女が気になります。彼女はその後どうなったんだろうか、そして、独身のままなのだろうか。

自分勝手なずるい感情

その彼女はＳＮＳの類は一切していません。僕が知らないだけかもしれませんが、僕は彼女の情報を得る術はありません。彼女はきっと僕の状況は知っているでしょう。そのアンバランスの中で、こういう場合はどのように探ったら良いか浮かびません。それは若い頃に抱いた恋愛感情でもないし、当たり前のように友達に近況を聞くニュアンスとも違うからです。特に下心はありませんが、心のどこかに「彼女は独身でいてほしい」という気持ちがあるような気がして、自分の気持ちと向き合いたくないのでしょう。不思議でズルい感情です。20年前に彼女が結婚したいと言った時に修業中だからと断ったのは僕なのに、今、「もしもあの時」という違う靴を履いて想像しています。そして自分が傷つかないように、彼女に返信をしていません。

古典落語の「宮戸川」のように若く清々しかった僕たち。20年たって、今はどのような姿なのでしょうか。少なくとも僕は汚れてしまったように思います。それとも「もしもあの時」彼女と結婚していたら自分が汚れていなかったとでも言うのでしょうか。

自分に優しく、自分に都合の良い自分、それは修業を理由に彼女の気持ちを考えなかったあの頃から変わっていないようです。彼女にどう答えたらいいんだろう、こういう時に効く落語ってなんだっけ。それがいつもワカラナイのです。

(31) たいらばやしか、ひらりんか

2月5日にRAA(RAKUGO Association of America)主催のオンラインでの落語発表会がありました。これは僕がオンラインで稽古している「ざぶとん亭」の一門会で、4歳からあと数日で69歳の

方まで総勢31名が出演して、落語、朗読をしました。ニューヨークからは4歳のざぶとん亭さくらちゃんとどんぐり君が小噺を発表しました。

4歳が演じる中級演目

始まりは去年の春でした。その時に流行っていたクラブハウスで僕の全米ツアーの話をしていると子供向けの落語はないかとのお問い合わせを頂きました。そこで、では試験的にオンラインでクラスを作ってみようということで1クラスでき、今では5クラス、2人の個人レッスンで30人を超える一門になりました。アメリカの子供のクラスは中級、初級、大人のクラスは朗読中心のクラスとシリコンバレークラス、そして日本の子供のクラスです。

それぞれのクラスでお稽古している噺の難易度は違いますが、皆さんそれぞれに難しい演目に挑む中、ダラスの4歳のざぶとん亭すいかちゃんが中級や小学高学年、中学生が発表する「平林」に挑戦しました。この「平林」は10分あり、中学生くらいが演じるのも大変な演目で、登場人物は6人もいます。

すいかちゃんは去年の夏頃からお稽古を始めたのですが、一緒のクラスの子が休みがちになってやめてしまい、一人になってしまいました。僕と画面越しに二人っきり、たくさん稽古やお喋りをしました。すいかちゃんの初めての習い事が落語になったわけですが、彼女は落語をすぐに好きになりました。

僕とのレッスン以外でも子供向けの落語を聞くようになり、憧れのお姉さん、お兄さんのようになりたいと中級クラスも毎週見学するようになりました。最初はお母さんにしがみついて恥ずかしがっていた子が、「寿限無」だけでなく少しずつ落ちのある小噺を覚え、堂々と中級クラスのお兄さんお姉さんの前でも発表できるようになってきました。

そんなある日でした、すいかちゃんに出演依頼が来たのです。このコラムや、さくらラジオの僕の番組「三代目柳家東三楼のアメリカよもやま噺」でたまにすいかちゃんの話をしていたのですが、読者さん、リスナーさんであった僕の落語の主催者さんから「前座はぜひ、ざぶとん亭すいかちゃんで」と指名が入ったのです。その模様はこちらに書きましたが、その後順調に腕を上げて、今回の発表会に至りました。

まだ見ぬ楽しみな将来

オンラインでのクラスであるため、ほとんどのお弟子さんにインパーソンで会ったことがありませんが、すいかちゃんとはテキサス州のヒューストンで会いました。ダラスからわざわざ会いに来てくれたのです。ご家族の借りている一軒家に僕も泊めさせていただき、たくさん遊びました。始めは伏し目で僕を見て人見知りしていましたが、しばらくして僕の声がいつもの声だとわかったのでしょうか、突然、「ざぶちゃん！」と僕の部屋から離れなくなりました。やはり4歳のかわいい子供です。そして妹の赤ちゃんがいるので、立派なお姉さんぶりも見せてくれました。

そして妹ちゃんの枕元で落語を語って聞かせます。ダラスに住む4歳の子が、江戸弁の僕から落語を教わって、日本語を学んでいます。もう平仮名の読み書きも相当できます。そして定吉やらお店の旦那やらおじいさんを演じ分けて、朗々とそして元気よく「平林」を演じます。まだ意味の分かっていない部分も多いと思うので、数年してすっかり意味が分かった時、どういう反応をするでしょうか。アメリカで生まれ、日常は英語と落語混じりの日本語で育つ彼女たちがどんな大人になるか、今から楽しみです。アメリカに移住しなかったらこのようなレッスンや発表会などの活動はしていなかったので、いよいよ僕のアメリカ生活は楽しく充実してきました。

(32) 落語で遊ぼう

前回書きました、ざぶとん亭一門で最年少のすいかちゃんと、一番お姉さんのみかんちゃんのお話の続きです。

なんと今月誕生日を迎えるみかんちゃんにすいかちゃんがお手紙を書きました。こうやって文字だけで「すいかちゃんはみかんちゃんにお手紙を書きました」って読むと、「シロヤギさんがお手紙食べた」みたいな童謡とかおとぎ話とかに聞こえますね。日本ではみかんは冬、すいかは夏の果物なので、その対比も面白いです。

実は日本のクラスに「いよかん」ちゃんがいて、彼女は最初「みかん」を希望でしたが、僕が

「みかんちゃん」はもういらっしゃるんですよねと言うとお母さまが「じゃあ、いよかんでいいんじゃない」と言い、「それでいいです」となんともあっさり「いよかん」になりました。僕の同期で古今亭いち五（現在五代目古今亭志ん好）がいましたが、果物の名前は親しみが湧きます。

落語は国も州も年齢をも超える

今回の一門の発表会を通して改めて感じ入ったのは、落語が世代を超えるということです。

例えば、大人と子供が同じ目標に向かって何かをするということは、なかなか見つかりません。知識の差も体力の差もあり、等しく楽しむ、競うというのは難しいです。ビデオゲームもある程度以上の年齢の方は目が辛かったり、指がついていかなかったりするでしょう。今回の落語の発表会では4歳をはじめ小学生、中学生からみかんちゃんの世代まで幅広く参加しました。州をまたぎ、国をまたぎ、年齢差を超えて皆で「覚えた落語を頑張ってやろう」「落語で人を笑わせよう」「落語を楽しく演じよう」との合言葉で頑張ったわけです。

アメリカにいる子供たち（孫たち）を日本にいるおじいちゃん、おばあちゃんや親戚が見て、大変に喜んだそうです。落語はやはり年齢が進むほど理解も親しみも深まる芸ですが、その芸を孫が演じるというのは喜びでしょう。一門の皆さんの日常の親子の会話にまず落語があります。

遊びながら学べる新たなメソッド

僕のクラスでは落語をする時に、まず初めに役柄を一人一役で演劇や朗読の手法で人物を掘り下げるところから始めます。これはこれまで長く続いてきた落語の長い歴史では無かった手法で、僕が今作っている「落語で遊ぼう」という、皆で遊びながら落語、日本語、そして日本の文化を身に付けようというメソッドの一環です。レッスンで演じた小噺や落語の役は兄弟や家族でもできます。お母さんやお父さんが相手役になって一緒に落語が楽しめます。絵本の読み聞かせなどは親が子供に与えるという一方向ですが、「落語で遊ぼう」ですと、何人でも一緒に笑いながら、役を変えながら、「今度は私が与太郎やる！」といったように遊びとしていろいろなことを学べます。ですから、落語は世代を超えるのです。

今僕が作っているプログラムは日本語のみならず、英語や他の言語で落語を一人で、または数人で遊びながら演じることで、「笑いを作る一人芸」または「伝統芸の中の人物から抽象化した人情」を表現、需要できる教授法です。人間の気持ちの機微に笑いや悲しみ、親子の情や男女の駆け引きなどを重ね合わせながら、知的な、そして体を使った遊びを作ることができる、それが落語の持つ新しい側面だと考えています。

この日本の独自の伝統芸の落語を、新しいイノベーティブな手法で世界に伝え広げるのが僕の人生の使命です。子供も大人も、そして国も何もかも超えて、皆で「落語で遊ぶ」。その活動が僕が行っている「日本の落語を世界の落語へ」の活動です。

今回、みかんちゃんとすいかちゃんの間に生まれた落語を通しての交流は、僕のミッションにとってとても大きな喜びであるだけでなく、これからの自信、そして指針になります。読者の皆さんも落語を通して世界の人々とつながりませんか。

「落語で遊ぼう」。これが合言葉です。

(33) 佃祭

2018年2月から4月初めまで、トロントとニューヨークの18カ所で公演をして、ボストンで休暇を取っていました。といってもエアビーの宿で寝っ転がりながらボーッとして、少しボストンやケンブリッジを観光しよう、そんな軽いつもりでした。

ボストンの4月は寒い日もあり、その年に川内優輝選手がボストンマラソンで優勝しましたが、雨でとても寒くて、応援に行く気になれず、パソコンで応援しました。晴れたら散歩や観光、あとは宿でボーッと、そんな数日を過ごしている時に、ボストン日本人会の中塚久生さんを紹介していただきました。

その日訪れた日本居酒屋は、レッドソックスにいた上原浩治投手の行きつけで、大変にぎわっていました。僕と中塚さんと会計士のK先生と3人で、日本酒を片手に僕の初めての海外公演の話をしていました。

このコラムの最初の回でも書きましたが、ブライアントパークで感じた、「僕はニューヨークに住むんだ」という直感の話をすると、「永住組が増えてうれしい」と、途端に僕の移住話になりました。その日はしこたまお酒をいただき、次の日僕は移住をするとはどういうことかと考えていました。中塚さんやK先生の話では僕はアーティスト用のビザが取れるだろうということでした。こういうことにかけては行動の早い僕はいったんニューヨークへ行き、知り合いのアーティストにビザの話を聞き、返す刀でボストンに行き、中塚さんやK先生にビザを取得してアメリカに住むと決意したと報告しました。

受け入れ難かった訃報

それから毎年ボストン日本人会の新年会に落語で呼んでいただき、ハーバード大学やボストンカレッジ、昭和女子大学など、中塚さんの手引きで公演させていただきました。ビザの準備を進める途中でも、ボストンへ行きました。

市内の居酒屋で毎回お酒をいただき、ついには上原投手お気に入りの席で中塚さんとサシで飲みました。写真はその時に中塚さんが撮ってくれたものです。この時は、多忙でボストンとマイアミを行ったり来たりして、温度差を30度以上感じながら、凍ったり焼かれたり冷凍ピザのように過ごしました。

無事にビザが取れてボストンに伺うと中塚さんはニッコリ笑って、「ざぶさんのビザが降りなかったら、私の子供にして申請しようと思ってたんですよ」。とてもうれしく、ありがたい言葉でした。そして「ボランティアをやってシャワーを浴びる時が一番幸せなんですよ」。そう言って笑いながら、おいしそうにお酒を飲みます。

大会社の役員を辞め、人生を半ば以上過ぎてからアメリカに骨を埋めた中塚さん、先々週亡くなってしまいました。今の時代ですので、訃報はツイッターで知りました。何かの誤報だろうと思っていました。一昨年の秋にお会いして飲んだのが最後でしたが、去年もメールはしていました。そして、ご病気のことは何も知りませんでした。原因は後から知りましたが、コロナではなく、別の病気でした。事故などではなかったから安心というわけではないですが、いまだに自分の中で事実として受け入れられていません。

返せなかった恩の数々

「佃祭」という噺では、死んだと思われていた人がひょこっと帰ってきます。まだ僕は中塚さんの死に対してそんな夢みたいな、現実味のない噺として捉えています。だからより現実、事実を受け入れられないのでしょう。

「今日のボランティアも気持ちがよかった」。そんなことを言いながら居酒屋に入ってきて、「ざぶさん、今度はMIT紹介しますよ」とニイっと笑いながらとっくりを傾けてくれそうな気がして仕方ありません。

中塚さんの死を前にして、皆さんの言葉を目にし、耳にすると「情けは人のためならず、巡り巡って己が身のため」なんて噺の下げが浮かびます。僕は中塚さんから受けた情けの数々を返せなかった、それも事実を受け入れられない、もう一つの理由です。

(34) らくごｄｅあそぼ

世代を超えて遊べるアイテムとして落語を提唱しておりますが、今回はその中から、「みんなｄｅらくご」をご紹介します。日本に住んでおりました時に柳家東三楼一座を旗揚げし、私たち落語家と俳優で落語をさまざまな形で表現する活動をしていました。

落語としては当たり前の一人で演じる「ひとりｄｅらくご」、落語を大勢の出演者で構成して演劇、朗読といった手法で表現する「みんなｄｅらくご」と名付けて公演しました。

現在、ざぶとん亭の皆さんには当たり前の落語の方法「ひとりｄｅらくご」と、クラス内で役を振って「みんなｄｅらくご」をする手法と両方取り入れています。「みんなｄｅらくご」は世代や性別などあらゆるものを超えてみんなで楽しめる遊びだと考えています。

落語リテラシーの高い人材を育成するために

このコロナ禍で、オンラインでの交流が発達したのが幸いしています。これまではインパーソンで稽古場という限られた場所限定で「みんなｄｅらくご」をしてきました。

しかも公演を目的とし、プロの俳優、落語家で構成して制作していました。まさに作品を制作するように演出し、プロデュースして公演していたのです。

RAKUGO Association of AMERICAで僕がざぶとん亭一門を作り、目指しているのは、アメリカでの後進の育成と、落語を十分に享受できる落語リテラシーの高い人の創出です。

僕というプロから直接、落語に関するあらゆる知識や周辺情報を受け取り、落語を自ら演じることで演者の視点、作る・演じるという目線から「落語の楽しみ方」を体験していく、これが基本的な目的です。

そこでこれまでプロの噺家や俳優と経験してきた「みんなｄｅらくご」の手法を一般の大人から子供まで、楽しく遊びの中で体験できる方法に改良を続けて、現在の型になりました。

具体的に見ていきましょう。先ほど述べましたように、オンラインの発達のおかげでこれまでＺＯＯＭを使いながらアメリカ全土、またはフランス、日本の方のクラスを運営してきました。そして大人のクラス、子供のクラスとありますが、発表会では全てのクラスの方で国境、世代を超えて行われます。

その中で今のところは「ひとりｄｅらくご」をするお稽古の一環としての「みんなｄｅらくご」と、純粋に仲間と落語を通して遊ぶ、楽しむための「みんなｄｅらくご」の二通りがあります。

演目を深く理解していくための3段階

まず第一ステップは台本の理解です。僕が古典落語として演じられている演目を演劇用、朗読用に書き換えた台本を作るところから始まります。一人で演じる用にできている落語は右を向いて左を向くとすぐに人物が変われるようにできています。ある意味で芸の上での矛盾、嘘を含みつつ芸人の腕で成立させている要素があります。そういった部分に言葉を埋めたり、削ったりして再構成して「みんなｄｅ」を演じやすく変えていきます。

第二段階はその台本を演じる皆さんの前で丁寧に解説をしながら僕が読んでいきます。読むと演じるの間くらいでしょうか。感情は控えめに込めつつ、アクセントや落語独特の表現に意識の中心を向けて進めていきます。

第三段階はとりあえず役を振って、みんなで読んでみます。その時に役、例えば子供の役だったら「小僧、丁稚」なのか「家庭の子供」なのかという属性から状況の気持ちを考えます。その背景の知識として、昔の子供は丁稚に出されて苦労したとか、お店のシステムとか、師弟制度など「落語の周辺」にある文化的な知識を伝えていきます。

例えば「時そば」でしたら、現在との時刻の数え方の違いや屋台の構造といった江戸時代独特の文化の話から、そば粉、うどん粉の話をしてそばのつなぎの話まででします。

そうして演目にまつわる知識と共に、そば屋がどういう職業で、どういう話し方をするんだろうかと考えていきます。現在は大人、子供のクラスで「天狗裁き」を「みんなｄｅらくご」しています。次回は「天狗裁き」を例にとって、もう少しお話いたします。

(35) 天狗裁きと夢

アメリカでの初めての公演は、２０１８年3月のニューヨークでした。あれから4年、移住してから3年、初めてのビザ更新になります。

僕のビザはO-1といって、研究者やアーティスト、スポーツ選手に発行されます。今回も４通の推薦状にスポンサー、さまざまな会社、学校からのオファーレター、3年の予定表、３００枚に及ぶポートフォリオ(写真のもの)と、移民局に僕という人間、表現者がアメリカに住んで活動する意味を証明するわけです。今回は更新ということで最初の申請よりは幾分楽でしたが、3年間活動した分、ポートフォリオは大変でした。

追い続けている僕の夢

移住当初にアメリカンドリームについて言われたことがあります。それはアメリカに移住して車と家を持つことだと。僕にとってはコメディアンとしてスーパースターになることですが、その前にいまだ車も家ももちろん持てていません。

この3年で、さくらラジオで「三代目柳家東三楼のアメリカよもやま噺」のレギュラーパーソナリティー、こちらの「ＮＹジャピオン」、サンフランシスコの情報誌「ベイスポ」、日本語新聞「ハワイ報知」とレギュラーで連載を持たせていただき、また全米の会社、機関、学校からお声を掛けていただき、芸能活動だけで生活できるようになりました。そして今、考えます僕のアメリカンドリーム、夢は何でしょうか。

僕は落語を「ＲＡＫＵＧＯ」として広げるためにアメリカに移住してきました。ですのでアメリカを出発点として、ＲＡＫＵＧＯを世界中に広げるのが夢でしょう。

前回ご紹介した「みんなｄｅらくご」「ひとりｄｅらくご」、これは僕のこの夢をかなえてくれる一番の手法じゃないかと思っていますので、今回もご紹介させていただきます。

現在、大人のクラスとアメリカの子供中級クラスでは「天狗裁き」を「みんなｄｅらくご」しています。この噺には、八五郎、おかみさん、八五郎の友人、大家さん、お奉行さま、天狗とさまざまなキャラクターが出てきますので、「みんなｄｅらくご」をするのにはもってこいです。

まず初めは僕が演じている「天狗裁き」の落語を見るところから始まります。落語として純粋に味わってもらう。そして、ここからがプロの稽古とは違うところで、僕が書いた「ひとりｄｅらくご」にも「みんなｄｅらくご」にも使える「天狗裁き」の台本を精読します。ここで僕は人物を演じながら、アクセントや背景にある文化の知識や部屋の配置からの舞台設定、上下《かみしも》の付け方を解説します。その中でどうやって役や噺のテーマを自由に考えるかを気持ちの中に持ってもらいます。

稽古は遊び感覚で

僕は自分が教わった師匠のやる通りにプロの稽古を素人さんにやることはなくて、楽しく遊び感覚で演じることを重視していますので、「自由に」というところが何より大切です。そして芸事はお稽古が厳しくて、師匠からの小言や駄目出しが厳しいイメージがありますが、僕はお弟子さんの良いところを褒めることに力を入れて、「駄目」はあくまでも参考、アドバイスというニュアンスで行います。

しかしながら僕は基礎、基本を大事にしていますので、地味で面白くない基礎的なこと（技術や考え方）は、僕自身が一人のプレーヤーとして大事にしていることとして伝えることで、意識して身に付けてもらうようにしています。

精読の後はお奉行さま、天狗をいきなりやってみます。八五郎や友人、おかみさん、大家さんは典型としてそれまで経験があるし、想像しやすいので、真新しい役で気を引こうという作戦です。扇子をそれらしく使って子供も大人も自分が思うお奉行さま、天狗を演じていきます。それぞれが個性的な役作りをして笑いが生まれます。そして「天狗裁き」の最後のせりふ「お前さん、どんな夢見てるんだい」にたどりつきます。どんな夢を見てるんだい。いいせりふです。

次回は現在、大人と子供で落語で交流している「みんなｄｅらくご」の「天狗裁き」の実際の模様をもう少しお話しいたします。

(36) ボストンの思い出　1　落研の噺

移住をしてまず考えたのが、僕以外の落語をするプレーヤーを増やす、育成することでした。友人の俳優さんに落語を稽古してニューヨークで発表できる場を作っても、お稽古が続かない。初めて演じるにしては上手なのですが、一人で一役を演じる演劇と、一人で何役も演じる落語では同じ物語を作る芸でも違うようで、演劇の経験がある分、難しさを感じたようでした。

日本の大学には落語研究会という学生が落語を演じるためのサークル、グループがあります。アマチュアとして落語をするのですが、全国規模の大会、コンテストもあり、落語研究会、一般には落研《オチケン》と言いますが、落研出身でプロの噺家になる人も多いです。僕は落研が有名な大学の学部に通っていましたが、1年時に訪れた際に先輩の様子がどうも合わずに軟式野球部に入ったので、実際の落研の雰囲気を知らないです。そんな僕に落研の指導をする機会ができました。それは新型コロナウイルスの蔓延が始まる少し前、2019年の11月7日でした。

ツアーで回ったボストンの街

11月4日から8日までの予定で、ボストンカレッジ、昭和女子大学ボストン校、ハーバード大学、タフツ大学と公演するツアーでした。それまでにボストンは何度かお伺いしていましたが、ビザ取得後は初めてで、以前に書きましたボストン日本人会の中塚久生さんが方々に声を掛けてくださり実現しました。ボストンへは毎度高速バスで4時間かけていくのですが、11月4日はサウスステーション駅に着いてそのままボストンカレッジに向かい公演するというスケジュールでした。その日、公演を終えると外は陽が落ちていましたが、ボストンカレッジの校舎は美しくライトアップされていて、夢中でYouTube用に動画を回し、その日はそのまま編集しました。

ボストン市内やケンブリッジ市はいつもそうで、大学の街はいつも行っただけで自分まで頭が良くなった気がする大好きな都市です。5日は市内の居酒屋で独演会をし、6日は昭和女子大学、そして7日はハーバード大学とタフツ大学を掛け持ちしました。

ハーバード大学にオチケンを創設

以前に観光で来たことがあったハーバード大学。初めての仕事での訪問で、堅い面持ちで担当の先生とランチをしていると「師匠、ハーバードに落研を作りたいという学生がいるのですが、相談に乗ってあげていただけませんか」と先生が言いました。事情を聞くと落語が好きな学生さんで自分で落語をやりたいそうです。

東アジア研究所での落語会でその学生に会うと、彼女はお父さまがアメリカ人でお母さまが関西出身の方とのことです。普段家庭では上方《かみがた》の言葉を使っていて、出身のフロリダの補習校で落語もしたことがあると言います。なので彼女は英語、日本語標準語、上方弁、スペイン語と、さすがハーバード大学の学生、多言語を瞬時に行き来します。もちろん日本語は日本で育った日本人と変わりないほどです。

その日はすぐにタフツ大学への移動があったので「ハーバードに落研を作りましょう」という話をして、詳細は後日ということで大学を出ました。そして、タフツでハーバードに落研ができたと早速話をすると、入りたいという方が2名ほど。それでは今度、合同で稽古会をしようと解散になりました。

次の12月から毎月グレーハウンドやピーターパンのバスに乗ってハーバード大学の東アジア研究所に落研の稽古で行くことになりました。落研の部長は「スカイ」さんという名前ですので「ざぶとん亭お空」さんとなりました。

そしてもう一人入部した方は髪の毛が美しい紫でしたので「紫式部から式部を取ろう」とお空さんが提案し、ざぶとん亭式部となりました。

この毎月の稽古会はコロナが始まる20年3月まで続き、ざぶとん亭お空さんはハーバード大学を卒業しました。ハーバード大学卒の噺家は、いまだいません。

(37) ボストンの思い出　2

「ドライブ・マイ・カー」がアカデミー賞で国際長編映画賞を取り、ウィル・スミスの一件がなければもっとニュースを独占したのではないかと想像しています。

僕は高校時代は安部公房を読み、落語を聞くというかなり暗い部類の男子校人間でしたが、大学生になり芸術学部の文芸学科に入ると、半分以上が女性で雰囲気は明るく、みんなおしゃれな映画の話をして、村上春樹を読んでいました。

落語に没頭した10代

僕は落語の知識に関しては誰にも負けない自信がありました。何しろ高校時代に図書館にある「落語」や「演芸」とタイトルに付く本は全て読んでしまっていましたし、借りられるカセットテープはダブルラジカセでダビングし、「笑点」以外の演芸番組は録画、編集し、本屋でも手に入る限りの演芸の書籍は買い求めていました。

そのような頭デッカチの僕はとても有名な大学の落語研究会に入ろうと新入生の募集で部室に行きました。バイトで稼いだお金は全て寄席、落語会、演芸関係の書籍に注ぎ込み、落語と心中するくらいだった僕は、落語研究会にこれ以上ない最高の新入生になるはずでした。

入った文芸学科では、安部公房の小説を落語にした立川志の輔師匠はどのような過程でそういう噺を作ったんだろう、それを文芸の視点で考えたい、もっと落語を研究したい、僕はそんな純粋な気持ちや志を持った10代だったのでした。

しかしながら世間では大変に有名な僕の通っていた大学の落語研究会、落研は、僕の趣味からは程遠い、ミーハーな先輩に仕切られた、僕にとってはガッカリな様子でした。8つの椅子に座った新入生に好きな噺家を聞いた先輩に対する答えは、「笑点」を中心にテレビに出るタレントのような師匠や、その落研のOBである立川流(談志師匠の一門、関係者)の名前ばかりが出て、僕が好んでいた寄席で爆笑をかっさらうスターの名前は皆無でした(僕は後に自分の師匠になる柳家権太楼と答えました)。

そのようなわけで僕は向かいで募集していた軟式野球部に入り、野球の練習に夢中になるうちに彼女もできて、落語や安部公房の世界から、おしゃれに彼女とデートしたりする生活になったのでした。

20年の歳月を超えて

そして時は20数年の歳月を経たハーバード大学でした。前回の連載に書いた通り、ハーバード大学に落語研究会を作る話が僕に舞い込んだのです。日本の大学の落語研究会を知らない僕が、ハーバード大学で落研をつくったのでした。

何をして良いかわからない僕は、建築を勉強している4年生のスカイさんと相談し、毎月1回、ハーバード大学の東アジア研究所でお稽古会を始めました。

スカイさんは茶道部の部長もしていたので和室は使えますし、その人脈で日本が好きな友人にも声を掛けてくれました。スカイさんはめでたく「ざぶとん亭お空」さんになり、紫の髪の「ざぶとん亭式部」さんも誕生しました。

毎月グレーハウンドでボストンのサウス駅で降りて、赤い地下鉄でチャールズ川を渡る時に、村上春樹はここをジョギングしたんだなと学生時代にタイムスリップしつつ、その大学時代の思い出は全く落語や落語研究会には結びつかないのでした。

2020年3月7日が最後のお稽古になりました。コロナでニューヨークがロックダウンになる直前、お空ちゃんも卒業を目前として、お稽古会はお休みになりました。そして3月8日はハーバード大学での落研の話を持ってコロンビア大学へ行く予定でしたが、それもかないませんでした。

お空さんはその後卒業し、海外の大学院へ行く予定を変更し、お母さまの母国、日本へ旅立ったのでした。そんなお空さんから先ほどＬＩＮＥが来ました。

「師匠、秋から母校の大学院へ入ります」

お空さんがハーバード大学に帰ってくる。僕は「お空ちゃん、今月イェールに落語研究会ができたんだよ。僕が教えるんだけど、ハーバードの落研も復活しようよ」と返しました。

そのようなわけで、秋からハーバード大学で落研の活動が再開される予定です。ざぶとん亭にはボストン、ケンブリッジにもお弟子さんがいますので、ニューヨークと共に楽しい活動ができるんじゃないかと、楽しみにしています。

(38) アメリカ前座生活を終えて

ビザの更新ができました。僕の労働ビザはアーティストに発行されるO-1Bというビザで、アートにまつわる仕事全般に許可が出ています。僕の場合は落語しかできませんが、おそらく映画を撮ったり、絵を描いたり、歌を歌ったりすることでアメリカの会社と契約できます。

僕が落語の世界に入って見習い前座として修業を始めたのが1999年5月3日でした。早いもので23年も噺家として食べてきて、24年目に入りました。

7月11日から前座となり、新宿末廣亭で初高座を迎えました。約3年半の修業を終え、二ツ目に昇進したのが2002年11月1日。この日から芸名を「柳家ごん白」から「柳家小権太」に変えての活動です。前座のうちは着られない紋付羽織袴を身に着け、帯も真打ちや歌舞伎役者同様に「帯源」というブランドを使えるようになり、見た目だけは一人前です。

そして何より毎日の師匠宅へ行っての修業、大晦日以外公演している都内の寄席での仕事、修業から解放され、心からうれしかった。そして都内4軒の寄席で10日ずつ、40日の披露興行をしてくれ、演目も前座噺からもう少し難しい噺ができるようになります。思えば僕のアメリカ生活もこの噺家の修業にのっとっていたように思えます。

アメリカ修業1年目

2019年にビザを取得し、サンノゼに伺った折、在米の御住職から言われた言葉がありました。「ざぶさんは日本では真打ちで経歴が素晴らしいですが、アメリカでは1年生ですよ」これ以外にもさすがお坊さん、いろいろと説教をされ、何だかまだ何もしていないのにごちゃごちゃ言われて、とても不快でじんましんが出ました。何かして叱られるならまだしも、僕はどこかへ行って師匠ヅラしたわけでも威張ったわけでもなく、ただアメリカに渡っただけなのに。しかし、柳家の家訓は「万事素直」と大師匠の五代目柳家小さんは言っていました。僕は襟を正して、アメリカ修業1年目を始めました。つまり、ビザ取得前の見習いを終え、前座になったわけです。

生活は2度目の青春でした。コニーアイランドという、ミッドタウンが都心だとすると大船のような海沿いの半地下のアパートを550ドルで借り、シェアハウス。前座さんが基礎を身に付けるために「道灌《どうかん》」という噺を何度も何度も繰り返して演じますが、僕は「The Zoo」を繰り返し演じることで、英語を使って落語で笑わせることを身に染み込ませていきました。

同じ噺を繰り返して、間や表情、長さを自由自在にお客さまに合わせて変えられるプロの芸に押し上げるための修業、「業を修める」ことに集中しました。その期間にアメリカで表現者として生きていく心構えを、師匠宅や寄席での修業になぞらえて「アメリカでのアーティストの了見」だと思い、さまざまな仲間や仕事先での経験を栄養にしてきました。何十の大学で行った質疑応答を通しての学生との対話も、アメリカという国、噺家がアメリカで活動する事を深く考える機会になりました。

再び真打ちを目指して

さて、噺家前座修業が3年半であったように、アメリカ噺家修業も3年半以上が経ち、ビザも3年更新しました。いよいよアメリカ二ツ目生活に入ろうと思っています。前座時分も二ツ目に昇進後のために噺の稽古をしていました。

アメリカ生活では英語でオリジナルの落語を作ったり、いくつかの落語の翻訳、翻案をしてきました。またコロナが明けてこれから行う予定の「アメリカ50州ツアー」では全編英語の独演会を中心に、落語を「RAKUGO」として広げるために動き回ります。

20年前に昇進したうれしさが、今またアメリカでよみがえっています。活動が10年を超えるとアメリカ真打ち(グリーンカード)ってことになりますかね。その辺は頑張って、すぐにでもグリーンカードに昇進したいですが(今年も抽選は外れました)。

(39) ノマド生活ってどんな生活?

これまでの落語界の長い歴史を考えて、私たち噺家は寄席を中心とした劇場や会場での公演、またはスタジオでのテレビ、ラジオの収録で収入を得て生活してきました。この2年以上のコロナ禍で皆それぞれ生活や活動は変わったかと思いますが、僕の生活も大きく変わっています。3年前のアメリカ移住に加えて、ニューヨークのロックダウン、そしていまだに生での落語会を多くできない環境の中で、僕がどのように生きているかをご報告したいと思います。

オンラインにシフト

まず僕はこの度O−1ビザを3年更新する許可が降りました。O−1ビザはアートに関わる仕事しか許可されていませんので、他の仕事はできません。これまで落語以外をしていませんので働けたとしても、僕の能力と根性では無理でしょう。そういうわけもあり、僕の決めたルールもあり、何とか落語で食べています。入門して以来、昇進のたびに芸名を変えていますが、芸名を使わない仕事は一切しないと決めています。では本来の仕事であるライブでの落語会がアメリカではなかなかできない、計画が進まない中で僕はどうしているのでしょうか。

これはズバリ、オンラインでの活動に大きくシフトして、落語もZoomを使った生配信や録画でのアーカイブ配信、そしてオンラインでの落語のクラスを運営することで全米で後進を育成する活動をし、時代の進化で小さくなった録音機器で各地でラジオの録音をし、ラップトップのパソコンで原稿を書いています。僕の現在の収入は明かしませんが、このオンラインによる「どこにいてもWi-Fiがあればできる」仕事で収入の大半を得ています。

それじゃあアメリカ、ニューヨークにいる必要はないではないかと思われるかもしれませんが、僕にとって重要なのは、移住した大きな理由でもありますが、その土地に住み着いてネタを作って演じたい、これに尽きます。僕が日本に住んで英語で落語をする人と全く違うのは、英語を使って生活して英語を使って落語を作っていることです。古典の英語への翻案しかり、英語での新作の制作しかり、僕は今アメリカでニューヨークで使われている感覚、生活している人の感覚、人情味でＲＡＫＵＧＯをしたいのです。そしてニューヨークで創作の刺激を人や街から受けて、伝統的な、古典的な良さを持つ落語をＲＡＫＵＧＯとして進化させたい、そのために高い家賃を払っているのです。

と書きつつ僕は今、日本へ一時帰国しています。一つの目的はビザの更新の手続きですが、ライブでの落語会が20公演弱予定されていて、東北から東京、静岡、京都、沖縄とぐるっと回ってニューヨークへ帰ります。

ハイブリッド生活の幕開け

してみると今回の帰国はオンラインと実際の落語会のハイブリット生活の幕開けかもしれません。アメリカでも徐々にライブができるようになるでしょうから、これからはバックパックに着物と座布団とパソコンとマイクを持って落語会を回るようになるのかしら。基本はニューヨークですが、オンラインで全世界に公演や落語のレッスンを提供しつつ、リアル落語会をしていく生活。僕は英語でも日本語でも落語をしているので、こうやって静岡に滞在しながらオンラインで英語ＲＡＫＵ

GOをして、ニシンそばを食べるなんて生活が日常化するのかしら。そういう時代かもしれませんが、そう思えば思うほどニューヨークが恋しくなるのが不思議です。

3年住んで、少し自分の街だって脳が認識しているのでしょうか。どこへ行っても清潔な日本にいつつ、危険で汚くて椅子のお尻が痛いニューヨークの地下鉄がぼんやりと浮かんだりしています。これで7月にアメリカに帰ったらニシンそばや温泉が恋しくなったりして、いつも何か足りない気分になるのかしら。そう考えるとノマド生活は寂しいだけなので、脳みそには「僕はニューヨーカー」って強く刷り込まなくっちゃ。

(40) 日本に一時帰国中の活動

日本に一時帰国して1カ月が経ちました。だいたい30席くらい公演してますから1日1席ペースですが、移動の日やオンライン稽古だけの日もあり、実際は2日で12席のスケジュールだったりと心身共にハードな生活をしています。今週は静岡から東京、山形県寒河江《さがえ》市、秋田市を回って、東京で柳家権太楼一門会、図書館での独演会と目まぐるしく、来週は一週間京都で日替わりのイベントを打っての「京都落語WEEK」で4回の独演会、途中一回東京に戻って高田馬場で独演会をほぼ一カ月休みなしで、思う存分に落語をしています。

「ざぶとん亭」の弟子たち

僕の師匠は三代目柳家権太楼ですが、私を含めて弟子が6人います。5人が真打ちで最後の一人が二ツ目ですが、彼も来年真打ちかというところです。そして僕は自分で作りました「RAKUGO Association of America」で後進の育成をしていますが、こちらはアマチュアですので「柳家」ではなく「ざぶとん亭」です。「ざぶちゃん」が「ざぶとんに座って」やる芸ですので「ざぶとん亭」です。その「ざぶとん亭」ですが、アメリカの他にも日本のクラスがあり、今回の帰国で初めてZoomで会っていた「可愛いお弟子さん」に会いました。

というのも、写真の中で着物を着ている「ざぶとん亭きの子っぺぱん」ちゃんが僕の落語の前座を勤めてくれることになり、オンライン上のクラスのみんなが集まりました。

僕のクラスにはいろいろな名前のお弟子さんがいて、みんなそれぞれに自分で好きな芸名を付けます。中には「ざぶとん亭ジェダイ」と名乗った子もいましたが、ジェダイは2週間でやめちゃいました。暗黒面へ落ちてしまいました。うちの甥っ子は単純で焼肉が好きだから「ざぶとん亭焼肉」です。焼肉には「ざぶとん」という部位がありますので、なんだか焼肉屋さんみたいです。そんな中でも特に個性的なのが「きの子っぺぱん」ちゃんです。きのこは可愛いから、コッペパンは美味しいからという理由で造語された「きの子っぺぱん」。会場のスタッフさんが短く「こっぺぱん」さんと略していましたが、僕は絶対に略さない。僕は「ざぶ」さんと言われてますがね、なんとなく「きの子っぺぱん」は「きの子っぺぱん」なんです。そんな彼女は名前の由来から会場を笑わせにかかり、無事に「味噌豆」という演目で前座を勤めてくれました。

アメリカで落語界の「究極のヨコ社会宣言」

私たちの落語界は究極のタテ社会です。400年間、師弟関係を中心に口伝で芸が継承されて来ました。その伝統のもとで僕は師匠、柳家権太楼に育てていただき、真打ちになり、楽屋や世間では師匠と呼ばれています。しかし、僕が選んだ住処《すみか》は自由の国アメリカです。そしてリベラルな街、ニューヨークです。僕はこの土壌に合う後進の育成を考えた時に、アメリカでの落語界、落語を教えるメソッドにイノベーションを起こそうと思いました。それが「究極のヨコ社会宣言」です。僕は落語を教える師匠でありますが、あくまで落語の上手な同志です。僕たちはアメリカや世界で落語やRAKUGOをする仲間、友達なのです。その究極の横社会の中から生まれたメソッドが「らくごdeあそぼ」です。みんなで役を振り分けて、5歳から70歳までのざぶとん亭一門で「らくごdeあそんで」います。

先日は初級クラスでざぶとん亭すいかちゃん5歳と僕で初天神をやりました。役は、すいかちゃんがお父さん、僕が子供の金坊です。すいか「おめえは子供のくせに、言うことだけは一人前だな」。ざぶ「おとっつあん、飴玉買って」。すいか「飴玉ほおばって喋るんじゃねえ」。

楽しい世界です。

（NYJAPION 連載 https://www.ejapion.com/default/42742/）

あとがき

２０２３年5月3日で噺家になって丸24年経ち、25年目に入りました。アメリカ、ニューヨークに住んで5年目になります。２０２３年3月25日のハーバード大学での公演を皮切りに２０２４年4月22日のニューヨーク、カーネギーホールの独演会のゴールまで全米、カナダ、日本をまわるツアーをしています。真打ちになって10年が経ったこともあり、２０２３、２４年はひとつの節目と考えています。その節目の中で自分を見失ったり、間違った方向へいかないように自分を見つめなおして、さらに御伽衆という落語の源泉をたどることでもう一度落語を深くとらえ直す作業と時間が必要で、この「新しい落語の世界」の執筆にいたりました。

はじめは純粋な僕の疑問としての「落語とはなにか」という筋で書くつもりでしたが、同じタイトルの本を矢野誠一さんが書かれていること、また僕が考えて伝えたいことが「落語とはなにか」を考えた上で「新しい落語の世界」をアメリカ、および世界で作ることでしたので、内容も全３章に分けて、この構成になりました。この本は書籍や資料による事実と僕が経験してきた１９９９年からの落語界、そして身ひとつで乗り込んできたアメリカでの体験と実践を書きました。噺家の文章にしては固っ苦しいところや、青春時代や幾つかの悲しい出来事、転換期、そして噺家の世界では何より大切な師匠のことを書くにあたっては、心が熱くなり、自分の文章に涙し、書き直しては消し、読み直してとなるべく感情は消す努力はしましたが、やはり人情を扱う噺家ですので、そこかしこに感情や直感という心の揺さぶりが出ています。理屈、技術と感情がときに交差するところに表現が生まれるように思いますので、その点この本は僕の表現としてごく素直に書かれて表わされています。

少年のころから憧れていた落語の世界に、一番好きだった師匠の弟子として入ることができ、真打ちになるまで育てていただき、古典落語で評価され賞まで授かり、あの高一の夏の自分からすると幸せな人生に思える20年でした。ところが人生はわからないもので、僕は今ニューヨークに住み、こうやって自分の住んでいる落語の世界を疑って、調べて、考えて、日本以外の寄席のない世界でいかに「新しい落語の世界」を作るかをこうして綴っています。ブルックリンの南も南、コニーアイランドの550ドルのシェアハウスからはじめたアメリカ修業も5年目に入り、年収も増え10万ドルに手が届くところまできました。日本の感覚では多いように見えますが、ニューヨークで家賃や保険料などを払い、自炊メインでなんとか生きていかれるくらいです。日本の母に仕送りもしています。仕事も何もないゼロからはじめて数年でよく頑張っていると思います。自分で決めたルール通り、ＶＩＳＡの規定通り、芸名を使わないアート以外の仕事は一切していません。これは日本で師匠にアルバイトは禁止と言われたのを守っています。今さら何かしようと思っても出来ないという、噺家の食いっぱぐれそうな属性をなんとか芸で隠しているとも言えます。しかしながら最初の2年の仕事の無さとコロナでのロックダウンはさすがに堪えました。皆さまにご祝儀という名のお気持ちをいただいたり、借金もしました。その借金２００万円も返し終わってみて、自分のまわりの応援してくださっていただいている方の暖かさや優しさといった気持ちが身体に沁みわたります。年収が上がるとか、良い車に乗るとか以上に、あらためて人情という物質とは関係のないところに幸せを感じます。僕の志す「新しい落語の世界」の構築と挑戦を応援してくださっている皆さまの気持ちがなによりの救いの光です。何しろ落語の土壌のない土地の暗闇で、両手を前に差し出して道を探しているのです。そして時にその暗闇を全速力で駆けなくてはならない恐怖だってある。僕はその暗闇の中で多くの子どもや大人のお弟子さんの手を引いて、前に進まなくてはいけない。そのために僕はこうやって自分や落語を掘り起こして、村上春樹的にいうと井戸の中でじっと考えて、井戸の壁を抜けなくてはならない、その即身仏のような精神になるために、宛のない文章を書き、その中の一部が今回こうして皆さまの目に触れていただけるようになりました。

今回の執筆にあたりましては、企画の段階から彩流社の社長である河野和憲さんが相談にのってくださり、また編集の段階でもご意見やテーマを与えてくださいました。河野さんはうちの師匠から川柳師匠、ブラック師匠と落語の面白くヒットする本を手がけていますので、僕としても落語の本を最初に出すなら彩流社、河野さんの編集でと考えていたので、幸甚です。河野さん、心より感謝いたしております。そして、エリック・ドルフィーのバスクラリネットの素晴らしさを語れるのは、河野さんだけです。

この本を出版し、カーネギーホールで独演会をすることで僕は区切り、節目になると考えています。その先はわかりませんが、より日本の落語界からは離れて、アメリカ以外の国でも活動すると思います。日本語以外の言語でより多くの人に落語の面白さを伝えたい。日本語で日本語の面白さや文化の深さを伝えたい。そして本書が読者にとって「落語とはなにか」を考えるきっかけとなり、「新しい落語の世界」を一緒に創る仲間になってくださったら、こんなに楽しい人生はありません。この本を手にしてくださった方は是非一度、僕の落語を聴きに来てください。ざぶとん亭に入っていただいて落語を自分でする、という選択肢も気軽にできるように「新しい落語の世界」はあなたをお待ちしています。

2023年5月3日　入門記念日

ニューヨークの自宅にて　柳家東三楼

主要参考文献

『安楽庵策伝　咄の系譜』関山和夫、青蛙房、一九六七年
『為愚癡物語』曾我休自(作)、一六六二年(寛文二年)
『江戸時代落語家列伝』中川桂、新典社、二〇一四年
『学研まんが　世界恐慌と第二次世界大戦』近藤二郎(監修)、吉田博哉(漫画)、南房秀久(原作)、学研、二〇一六年
『角川まんが学習シリーズ　世界の歴史15　世界恐慌と民族運動 一九一九～一九三九年』羽田正(監修)、角川書店、二〇二一年
『きのふはけふの物語　全訳注』宮尾與男(監修)、講談社学術文庫、二〇一六年
『現代落語論』立川談志、三一書房、一九六五年
『現代落語論　其二』立川談志、三一書房、一九八五年
『御乱心　落語協会分裂と円生とその弟子たち』三遊亭円丈、主婦の友社、一九八六年
『詳説　世界史B　改訂版』世B310木村靖二ほか、山川出版社、二〇一七年
『図説　落語の歴史』山本進、河出書房新社、二〇〇六年
『醒睡笑(上・下)』安楽庵策伝、岩波文庫、一九八六年
『全訳笑府　中国笑話集(上・下)』馮夢竜(撰)、松枝茂夫(全訳)、岩波文庫、一九八九年
『創作落語論』五代目柳家つばめ、河出文庫、二〇〇九年
『曽呂利！　秀吉を手玉に取った男』谷津矢車、実業之日本社、二〇一五年
『大名と御伽衆　増補新版』桑田忠親、有精堂出版、一九六九年
『ねじまき鳥クロニクル(第一部・第二部・第三部)』村上春樹、新潮社、第一部・一九九四年、第二部・一九九四年、第三部・一九九五年
『落語』山本進ほか、山川出版社、二〇一六年
『落語三百年　江戸の巻　改訂新版』小島貞二、毎日新聞社、一九七九年
『落語三百年　明治・大正の巻』小島貞二、毎日新聞社、一九六六年

『落語とはなにか』矢野誠一、河出文庫、二〇〇八年
『落語と私』桂米朝、文春文庫、一九八六年
『落語の黄金時代』山本進・稲田和浩・大友浩・中川桂、三省堂、二〇一〇年
『落語の聴き方楽しみ方』松本尚久、ちくまプリマー新書、二〇一〇年
『落語の世界』今村信雄、平凡社ライブラリー、二〇〇〇年
『落語の世界』五代目柳家つばめ、河出文庫、二〇〇九年
『落語の種あかし』中込重明、岩波書店、二〇〇四年
『落語の年輪　江戸・明治編』暉峻康隆、河出文庫、二〇〇七年
『落語の年輪　大正・昭和・資料編』暉峻康隆、河出文庫、二〇〇七年
『落語名人伝』関山和夫、白水Uブックス、一九九二年
『落語はいかにして形成されたか』延広真治、平凡社、一九八六年
DISCOURSE STRATEGIES AND THE HUMOR OF RAKUGO Patricia Marie Welch UMI 1998.
RAKUGO The Popular Narrative Art of Japan Heinz Morioka Miyoko Sasaki Havard Council on East Asian Studies 1990.

【著者】
柳家東三楼
…やなぎや・とうざぶろう…

三代目柳家東三楼。1976年東京生まれ。(一社)落語協会、真打ち。RAKUGO Association of America代表。1999年5月三代目柳家権太楼に入門、前座名「ごん白」。2002年11月、二ツ目昇進「小権太」。2003年第8回岡本マキ賞受賞。2014年3月真打ち「柳家東三楼」襲名。2016年第71回文化庁芸術祭大衆芸能部門新人賞受賞。2018年東亜大学芸術学部客員准教授。2019年6月米国O-1VISAを落語史上初の取得。米国、ニューヨークへ移住。米国、カナダで400公演以上の英語での公演を達成。2024年4月ニューヨーク、カーネギーホールにて独演会(予定)。

Sairyusha

新《あたら》しい落語《らくご》の世界《せかい》

二〇二三年六月三十日　初版第一刷

著者——柳家東三楼
発行者——河野和憲
発行所——株式会社 彩流社
〒101-0051
東京都千代田区神田神保町3-10大行ビル6階
電話：03-3234-5931
ファックス：03-3234-5932
E-mail：sairyusha@sairyusha.co.jp
印刷——明和印刷(株)
製本——(株)村上製本所
装丁——中山デザイン事務所(中山銀士+金子暁仁)

ISBN978-4-7791-2889-9 C0076

https://www.sairyusha.co.jp

フィギュール彩

〔既刊〕

⑫ 大人の落語評論

稲田和浩◉著

定価(本体 1800 円＋税)

ええぃ、野暮で結構。言いたいことがあれば言えばいい。書きたいことがあれば書けばいい。文句があれば相手になるぜ。寄らば斬る。天下無双の批評家が真実のみを吐く。

⑱ 忠臣蔵はなぜ人気があるのか

稲田和浩◉著

定価(本体 1800 円＋税)

日本人の心を掴んで離さない忠臣蔵。古き息吹を知る古老がいるうちに、そういう根多の口演があればいい。さらに現代から捉えた「義士伝」がもっと生まれることを切望する。

⑲ 談志　天才たる由縁

菅沼定憲◉著

定価(本体 1700 円＋税)

天才の「遺伝子」は果たして継承されるのだろうか？　落語界のみならずエンタメの世界で空前絶後、八面六臂の大活躍をした立川談志の「本質」を友人・定憲がさらりとスケッチ。

フィギュール彩
〔既刊〕

㉞怪談論
稲田和浩◉著
定価(本体 1800 円＋税)

さあさあ、寄ってらっしゃい、見てらっしゃい！　夏の暑い夜、夕涼みの客のこころを摑んだのは、爆笑落語でもなく、人情噺でもなく、どこか妖しく気味の悪い怪談だった。

㊷たのしい落語創作
稲田和浩◉著
定価(本体 1600 円＋税)

これまで考えなかった文章づくりのノウハウを伝授する。新作落語とは何か、そしてそこから学ぶオモシロオカシイ文章の作り方を考える。「落語」から文章づくりの骨法を学ぶ。

⓺⓺〈男〉の落語評論
稲田和浩◉著
定価(本体 1800 円＋税)

落語評論の主たる目的は次の三つ。(1)落語をひろく世間一般に知らしめること。(2)落語家の芸の向上を促すこと。(3)評論を通じて自己表現を行うこと。キモはコレだけだ。